タイ語

が面白いほど身につく本

ギェッティポン・ルーンスワン
近藤由美

はじめに

「短期間でタイ語を話せるようになりたい！」旅行計画中のOL、出張や赴任予定の会社員や公務員、現地調査をする研究者など皆さんの目的は同じです。しかし、その多くは社会人になって初めてタイ語を学習する方ばかりです。語学が苦手な方でも、模様のようなタイ文字を見てあきらめる必要はありません。タイ文字が読めなくても、タイ語はすぐに話せるようになります。

　まずは本書のCDを聴きながら発音のコツと基本表現を知りましょう。そして、イラストを眺めながら単語を覚えます。次に、日常会話でよく使われるフレーズを繰り返し口ずさんでください。自然に文法のしくみがわかり、徐々に旅行会話にも応用できるようになるはずです。

　少しでも話せるようになったら、あとは実践あるのみ。間違えても大丈夫です。片言でもタイ語で話しかけたら、ほほ笑みの国のタイ人はきっと喜んでくれます。タイ語を通じて、タイでの滞在や生活の幅を広げてください。

　最後に、執筆に関して貴重なご助言をいただいた元INJカルチャーセンター・タイ語講師でタマサート大学准教授のタサニー・メーターピスィット先生、インドネシア語に続いて本書を出版する機会を与えてくださった中経出版の細田朋幸さん、編集面でさまざまな相談にのっていただいた城戸千奈津さんに厚く御礼申し上げます。

2011年12月　　　　　　　　　　　　　INJカルチャーセンター
　　　　　　　　　　　　　　　　　　ギェッティポン・ルーンスワン
　　　　　　　　　　　　　　　　　　近藤由美

📖 本書の構成と効果的な使い方

　見慣れない模様のようなタイ文字を見て、タイ語は難しいとあきらめてはいませんか？　**タイ文字が読めなくても、日常会話はできる**ようになります。本書の目的はタイ文字の読み書きではなく、**楽しみながらタイ語会話を自然に身につける**ことです。本書はタイ文字の読み書きができるようになることをめざす本ではありませんが、**タイ語がまったく初めてで、まずはタイ人とコミュニケーションを図りたい方にはピッタリ**です。

　タイ語の文法はとても簡単で、**だれでもすぐに旅行や出張の際に不自由しない会話力を身につけることができます**。日本人がタイ語で話しかけたら、ほほ笑みの国のタイ人はきっと笑顔で答えてくれることでしょう。本書では会話でよく使われる発音表記にしているため、一部の単語のタイ文字と発音表記が一致しない場合がありますが、ご了承ください。

① タイ語ってどんな言葉？

　タイ語の特徴、タイ文字のしくみ、単語の構成、基本文型など簡単な文法について説明しています。**まずはタイ語の概要をおおざっぱにつかんでください。**

② 最初はこれだけ！　基本表現 10

　タイで毎日使われるこれらの**基本表現 10 を覚えれば、タイ人とのコミュニケーションをスタートできます**。基本表現がどのような場面で使われているのか、また、実際に自分で使う際の注意事項なども盛り込みました。

3 文字のしくみを知って、発音をマスターしよう

　日本人になじみのないタイ文字の概要について簡単に説明しています。ここでは、タイ文字のしくみを知ることにより、**正しく通じるための発音に必要な母音、短母音と長母音、子音、有気音と無気音、声調などについて説明**しました。

4 よく使う基本単語を覚えよう

　イラストを豊富に入れ、**タイでおなじみの風景をながめながら自然に単語が覚えられる**ように工夫しました。頭で覚えようとせずに、**現地に遊びに行ったつもりでリラックスした感覚で学習**しましょう。／は同意語、（　）は省略可能です。

5 日常会話で文法を身につけよう

「タイ語を話せるようになりたいけれど、文法はちょっと……」という方も心配いりません。**日常会話でよく使われる表現を通して、自然に文法が身につきます**ので、わざわざ文法だけを取り出して覚える必要はありません。語学が苦手な人でも読み進めていくうちに、いつの間にか基本文法が身につき、話せるようになっているはずです。

　会話は旅行者のだれもが遭遇する「**あいさつ**」「**場所をたずねる**」「**買い物**」「**レストラン**」の4テーマに分けてあり、いずれも実践ですぐに使うことができるものばかりです。また、各場面の終わりの「**実力アップ！　練習問題に挑戦**」では、自分の理解度を確認できます。学んだ表現がスラスラ言えるようになるまで繰り返し口に出して練習しましょう。

6　すぐに使える旅行会話集

　④で覚えた単語と⑤で学んだ基本文法をもとに、**旅行や出張の際に役立つ表現、よく聞く表現を紹介**しています。表現の中の入れ替え可能な単語は□で表示し、入れ替え単語も記載しましたので、すぐに応用できます。さらにステップアップを目指す方は、表現の□に「④よく使う基本単語を覚えよう」の単語を入れ替えれば、もっと自由な会話が楽しめます。

7　付属CDを効果的に使おう

　CDには本書の①～⑥のおもな表現と単語（🄲🄳の部分）が収録されています。会話と単語には発音記号をつけ、さらにカタカナでルビをふりました。**タイ語には日本語にない声調、および母音や子音の発音があり、子音も有気音と無気音を区別**します。カタカナ読みではなかなか相手に意図が伝わりません。CDをよく聴いてなるべく発音記号を見ながら発音練習をしてみましょう。

もくじ

はじめに … 1
本書の構成と効果的な使い方 … 2

1 タイ語ってどんな言葉？ 13

1. 単語の語形変化がない … 14
2. タイ文字 … 14
3. 音楽のような音の高低によって意味が変わる … 15
4. 最低限の単語を覚えればOK … 16
5. 修飾語は後に置く … 17
6. 基本文型は「主語＋述語＋目的語」 … 18
7. 基本文型「AはB（名詞）です」 … 20
8. 否定文 … 22
9. 時制はその場の状況で判断 … 24
10. 疑問詞 … 24
11. 疑問文 … 26

2 最初はこれだけ！基本表現 10　㉛

❶ 丁寧語
「〜でございます。〜です。〜ます。はい。ええ。」 ……… 32

❷ いつでも使えるあいさつ
「おはようございます。こんにちは。こんばんは。さようなら。」 …… 34

❸ 日常のあいさつ
「お元気ですか？」 …………………………………………………… 35

❹ お礼
「ありがとうございます。」 …………………………………………… 36

❺ お礼・謝罪などへの返答
「どういたしまして。大丈夫です。かまいません。」 ……………… 37

❻ 呼びかけと謝罪
「すみません。失礼ですが。ごめんなさい。」 ……………………… 38

❼ 名詞の肯定と否定
「（はい、）そうです。（いいえ、）違います。」 …………………… 39

❽ 理解・了解
「わかりました。わかりません。」 …………………………………… 40

❾ 別れのあいさつ
「幸運を祈ります。成功を祈ります。グッドラック。
ついている。ラッキー。」 …………………………………………… 41

❿ 再会を望む別れのあいさつ
「またお会いしましょう。」 …………………………………………… 42

3 文字のしくみを知って、発音をマスターしよう　43

- **①** 文字の構成 … 44
- **②** 母音 … 44
- **③** 二重母音 … 46
- **④** 余剰母音 … 46
- **⑤** 有気音と無気音 … 47
- **⑥** 頭子音 … 47
- **⑦** 末子音 … 51
- **⑧** 二重子音 … 52
- **⑨** 声調 … 53

4 よく使う基本単語を覚えよう　55

- **◆ ホテルの部屋**（ベッド、毛布）… 56
- **◆ 乗り物、施設**（バス、タクシー、トゥクトゥク）… 58
- **◆ 街**（寺院、病院、郵便局）… 60
- **◆ 自然**（太陽、雨、花）… 62
- **◆ 動物**（牛、豚、象）… 64
- **◆ 市場**（野菜、果物）… 66

- **メニュー**（ビーフン、揚げ春巻、エビのスープ) ……… 68
- **レストラン**（ナンプラー、フォーク、箸) ……… 70
- **デパート**（化粧品、試着室、家庭用品) ……… 72
- **スーパーマーケット**
  （歯ブラシ、便せん、蚊取り線香) ……… 74
- **服、身の回り品**（ジーンズ、靴、携帯電話) ……… 76
- **職業**（学生、医師、警察官) ……… 78
- **家族**（父母、兄弟、姉妹) ……… 80
- **身体、顔**（頭、手、足) ……… 82
- **顔**（目、鼻、口) ……… 83
- **国名**（日本、タイ、中国) ……… 84
- **数字**（0、1、2、3) ……… 85
- **月**（1月、2月) ……… 86
- **季節**（春、雨季) ……… 86
- **曜日**（月曜日、火曜日) ……… 87
- **年月日**（日、週、月) ……… 88
- **形容詞**（大きい、小さい、高い、おいしい) ……… 90
- **動詞**（食べる、飲む、寝る) ……… 94

5 日常会話で文法を身につけよう　97

❶ あいさつ　98

◆ 私の名前は田中です　98
タイ人の名前／人称代名詞／基本文型（1）「主語＋述語（＋補語）」／丁寧語「〜でございます」「〜です」「〜ます」

◆ 私は日本人です　104
修飾語と被修飾語／基本文型（2）「A は B（名詞）です」

◆ はじめまして　109
初対面のあいさつ

◆ どこへ行きますか？　111
知り合いに会ったときのあいさつ（1）

◆ どこに行ってきましたか？　114
知り合いに会ったときのあいさつ（2）／基本文型（3）「主語＋動詞（＋補語）＋動詞」

実力アップ1　練習問題に挑戦！　118

❷ 場所をたずねる　120

◆ どちらにお住まいですか？　120
所在の動詞 อยู่ [yùu ユー]「ある、いる、住む」／疑問詞「どこ」

◆ スダーさんはそこにいます　123
疑問助詞 ไหม [mái マイ]「〜ですか？」／否定語 ไม่ [mâi マイ]「〜ない」／指示詞「これ、それ、あれ」

- ◆ **ここには日本人はいますか？** ... 129
  存在・所有の動詞（1）มี [mii ミー]「ある、いる」

- ◆ **このあたりには日本料理店はありますか？** ... 132
  存在・所有の動詞（2）มี [mii ミー]「ある、いる」

- ◆ **お金を持っていますか？** ... 136
  存在・所有の動詞（3）มี [mii ミー]「持っている」

- ◆ **これはだれのものですか？** ... 139
  疑問詞「だれ」／名詞の否定／所有代名詞「〜のもの」

  実力アップ 2 練習問題に挑戦！ ... 144

- ◆ **店はホテルの前にあります** ... 146
  場所や方向の表現

- ◆ **どのようにして行きますか？** ... 153
  疑問詞「どのように、どのような」

  実力アップ 3 練習問題に挑戦！ ... 156

3 買い物 ... 158

- ◆ **これは何ですか？** ... 158
  疑問詞「何」／指示詞「こちら、そちら、あちら」／「〜も、〜もまた」

- ◆ **いくらですか？** ... 162
  数詞／序数詞／疑問詞「いくら、いくつ、どれだけ」

- ◆ **（値段が）高すぎます** ... 168
  程度を表す表現

- **あまり好きではありません** ... 171
  否定の程度を表す表現

- **パパイヤを2個ください** ... 174
  類別詞／疑問詞「いくつ」／依頼（1）「～をください」（ものを要求する）／依頼（2）「～させてください」（自分が何かをしたい）／依頼（3）「～を試させてください」（自分が試したい）

- **1個いくらですか？** ... 186
  「～だけ」／「～につき、～あたり」

実力アップ4 練習問題に挑戦！ ... 190

❹ レストラン ... 192

- **もうご飯を食べましたか？** ... 192
  完了「もう～した」「まだ～していない」／予定「～します、～するつもりです」／経験「～したことがあります」

- **何を食べたいですか？** ... 199
  接続詞「そして、しかし、それとも」／希望・要求「～したい」

- **いつ行きますか？** ... 205
  疑問詞「いつ」／日にち／曜日／月／年／期間／時刻のたずね方／時刻

- **この青パパイヤのサラダは一番辛いです** ... 215
  同等／同等の否定／比較級／最上級

- **私は辛い料理を食べられます** ... 220
  可能・許可「～できる」「～してもいいですか？」／不可能・禁止「～できません」「～してはいけません」／依頼（4）「～してください」（相手に依頼する）

- どちらがおいしいですか？ 226
  疑問詞「どちらの」

- なぜあなたはこの料理を食べないのですか？ 228
  進行形「～しています、～しているところです」／疑問詞「なぜ」

実力アップ5 練習問題に挑戦！ 232

6 すぐに使える旅行会話集 235

1. **タクシー**「タクシーを呼んでもらえますか？」 236
2. **バス・列車**「バス停はどこですか？」 238
3. **道をたずねる**「銀行はどこにありますか？」 240
4. **ホテル**「空室はありますか？」 242
5. **買い物**「何をお探しですか？」 244
6. **レストラン**「メニューをください」 246
7. **観光**「タイ舞踊に興味があります」 248
8. **マッサージ**「タイ式マッサージをお願いします」 250
9. **病気・けが**
   「体調が悪いです。病院に連れて行ってください」 252
10. **トラブル**「お金を盗まれました」 254

本文イラスト／おおのきよみ　本文デザイン／浦郷和美

タイ語ってどんな言葉？

1. 単語の語形変化がない

　タイ語には日本語の「て、に、を、は」のような助詞はありません。また、英語のように数や格による名詞の変化や人称や時制による動詞の変化もありません。単語は簡単ですので、すぐに覚えることができます。

2. タイ文字

　タイ文字は、子音、母音、声調記号を組み合わせた表音文字です。すべてのタイ語の単語は、子音、母音、声調の組み合わせで成り立っています。「■」は子音字の位置を示しています。タイ文字については P44 でも簡単に説明します。

文字と発音		頭子音	母音	末子音	声調記号	意味
มา maa マー	➡	ม m	■า aa	なし	なし	来る
กุ้ง kûŋ クン(グ)	➡	ก k	■ุ u	ง ŋ	■้ ^	エビ
เพื่อน phɯ̂an プワン	➡	พ ph	เ■ือ ɯa	น n	■่ ^	友だち

　本書では、文法の説明をする際にはわかりやすいように単語の間にスペースを入れましたが、通常、スペースはありません。文末には文の区切りがわかるように適当にスペースを入れます。日本語の句読点、英語のコンマ、ピリオドのようなものはありません。

3 音楽のような音の高低によって意味が変わる

　タイ語はタイ王国の国語で、約6500万人に話されています。CDを聴くと歌のように聞こえませんか？　これは「平声」「低声」「下声」「高声」「上声」の5つの声調（音の高低パターン）があるためです。日本語にも「雨」と「飴」、「箸」と「橋」のようにアクセントの位置によって意味が異なる単語がありますね。同じ「マー」でも、タイ語では声調によって「来る」「馬」「犬」と意味が変わります。本書にはカタカナのルビもつけましたが、単に「マー」と発音しても通じません。できるだけ発音記号を見ながらCDをよく聴いて発音してみましょう。

CD 2

マー（平声）
maa
มา
来る

マー（高声）
máa
ม้า
馬

マー（上声）
mǎa
หมา
犬

最低限の単語を覚えればOK

　少しの単語を覚えれば、組み合わせで単語をどんどん増やせるのもタイ語の特徴です。たとえば、「心」「よい」の2単語を覚えたら、「親切な」「うれしい」の4単語をまとめて覚えることができます。タイ語は単語の順番がとても大切な言語です。

ใจ ジャイ jai 心 ＋ **ดี** ディー dii よい

→ **ใจดี** ジャイディー jai dii 心＋よい ➡ 親切な

→ **ดีใจ** ディージャイ dii jai よい＋心 ➡ うれしい

ทาง ターン(グ) thaaŋ 道 ＋ **เดิน** ドゥーン dəən 歩く

→ **ทางเดิน** ターン(グ) ドゥーン thaaŋ dəən 道＋歩く ➡ 通路

→ **เดินทาง** ドゥーン ターン(グ) dəən thaaŋ 歩く＋道 ➡ 旅行する

ชั้น チャン chán 階 ＋ **5** ハー hâa 5

→ **ชั้น5** チャン ハー chán hâa 階＋5 ➡ 5階

→ **5ชั้น** ハー チャン hâa chán 5＋階 ➡ 5階建て

5 修飾語は後に置く

日本語と逆で、重要な単語である被修飾語（修飾される語）を先に置き、その後に修飾語をつけます。

この人

タイ料理店

日本人
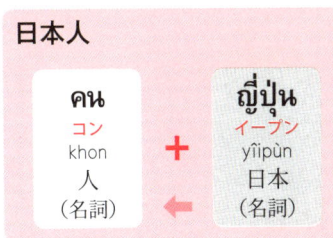

とても楽しい
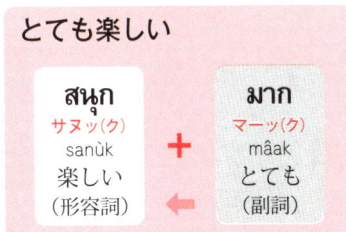

おいしい料理

たくさん食べる

この店のタイ料理

基本文型は「主語＋述語＋目的語」

基本文型は「主語＋述語（名詞・形容詞・動詞）＋目的語」です。述語が動詞の場合は後ろに目的語を置くこともあり、語順は英語と同じです。主語や目的語は、明らかであれば省略できます。

❶ 主語＋名詞
それはタイ料理です。

นั่น	＋	อาหาร	＋	ไทย
ナン		アーハーン		タイ
nân		ʔaahǎan		thai
それ		料理		タイ
(主語)		タイ料理(名詞)		

❷ 主語＋形容詞
タイ料理はおいしいです。

อาหาร	ไทย	＋	อร่อย
アーハーン	タイ		アロイ
ʔaahǎan	thai		ʔarɔ̀y
料理	タイ		おいしい
タイ料理(主語)			(形容詞)

❸ 主語＋動詞（＋目的語） 注 目的語は動詞の後に置きます。
彼／彼女は（タイ料理を）食べます。

เขา	＋	กิน	＋	(อาหาร	ไทย)
カオ		ギン		アーハーン	タイ
kháw		kin		ʔaahǎan	thai
彼／彼女		食べる		料理	タイ
(主語)		(動詞)		タイ料理(目的語)	

4 主語＋助動詞＋動詞（＋目的語）
彼／彼女は（タイ料理を）食べたいです。

เขา	อยาก	กิน	(อาหาร ไทย)
カオ	ヤーッ(ク)	ギン	アーハーン タイ
kháw	yàak	kin	ʔaahǎan thai
彼／彼女	したい	食べる	タイ料理
（主語）	（助動詞）	（動詞）	（目的語）

注「〜したい」「〜すべき」などの助動詞は動詞の前に置きます。

5 主語＋動詞＋動詞（＋目的語）
彼／彼女は（タイ料理を）食べに行きます。

เขา	ไป	กิน	(อาหาร ไทย)
カオ	パイ	ギン	アーハーン タイ
kháw	pai	kin	ʔaahǎan thai
彼／彼女	行く	食べる	タイ料理
（主語）	（動詞先）	（動詞後）	（目的語）

注 1つの文で複数の動詞と目的語をとることができます。動詞は先に発生する動作を先に置きます。ここでは「行って」から「食べる」ので、「行く」「食べる」の順番です。

① タイ語ってどんな言葉？

基本文型「AはB（名詞）です」

英語のbe動詞にあたる「〜です」はタイ語には2種類あり、主語と名詞の間に置きます。

1 主語 A ＋ เป็น ペン pen 〜です ＋ Aの属性 B（名詞）

BはAの属性で、国籍、職業、立場、性質、状態、病名などです。**เป็น** [pen ペン] は省略できません。

彼/彼女は日本人です。

彼/彼女は会社員です。

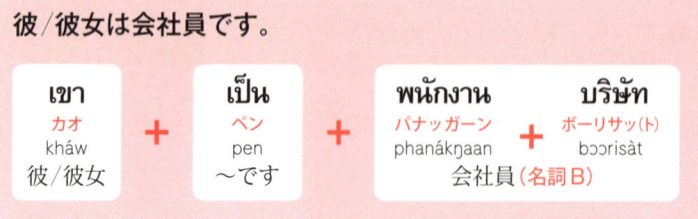

彼/彼女は親切な人です。

2				
主語 A	+	คือ クー khɯɯ すなわち〜です	+	Aに等しい B (名詞)

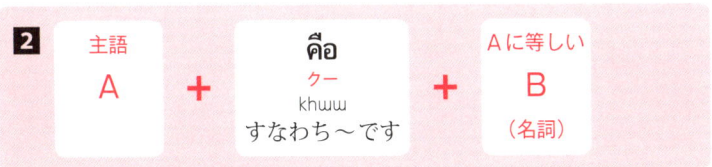

A=Bの場合で、「すなわち」の意味で使われます。**คือ** [khɯɯ クー]は口語ではよく省略されます。

これは(すなわち)ドリアンです。

นี่ ニー nîi これ	+	**คือ** クー khɯɯ 〜です	+	**ทุเรียน** トゥリアン thúrian ドリアン(名詞B)

それは(すなわち)タイ料理です。

นั่น ナン nân それ	+	**คือ** クー khɯɯ 〜です	+	**อาหาร** アーハーン ʔaahǎan	+	**ไทย** タイ thai
				タイ料理(名詞B)		

その人は(すなわち)田中さんです。

คน コン khon	+	**นั้น** ナン nán	+	**คือ** クー khɯɯ 〜です	+	**คุณ** クン khun	+	**ทานากะ** ターナーカ thaanaakà
その人						田中さん(名詞B)		

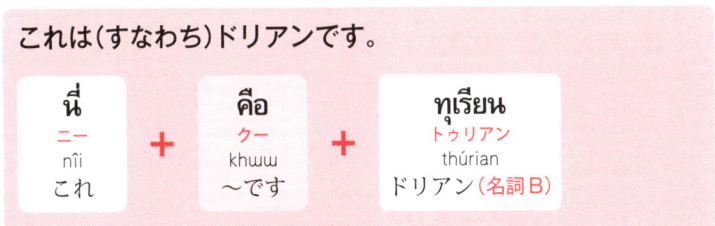

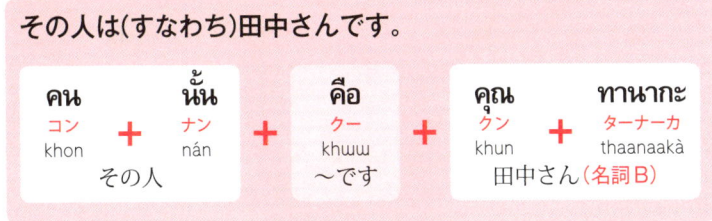

8 否定文

1 名詞の否定 ➡「名詞 + 〜ではない」

主語 + ไม่ใช่ / マイ チャイ / mâi châi / 〜ではない + 名詞

否定語の ไม่ใช่ [mâi châi マイ チャイ] を名詞の前に置きます。

彼/彼女は日本人ではありません。

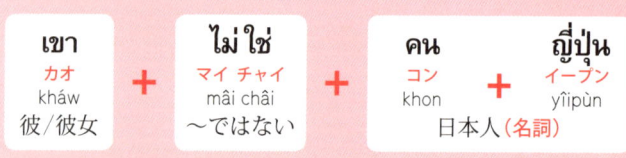

彼/彼女は会社員ではありません。

それはタイ料理ではありません。

2 形容詞と動詞の否定 ➡「形容詞/動詞 + ～ない」

主語 + ไม่ マイ mâi ～ない + 形容詞/動詞

否定語の ไม่ [mâi マイ] を形容詞や動詞の前に置きます。「まだ～していません」「～しませんでした」などの否定はP194 をご覧ください。

日本の唐辛子は辛くありません。

彼/彼女は行きません。

時制はその場の状況で判断

タイ語には、英語のように時制による動詞の語形変化がないことは先に説明しました。たとえば、「彼」+「行く」だけで、現在、過去、未来のどの意味にもなります。時制はその場の状況で判断しますが、時制を明確にしたい場合は、「昨日」「今」「来年」などの単語をつけます。

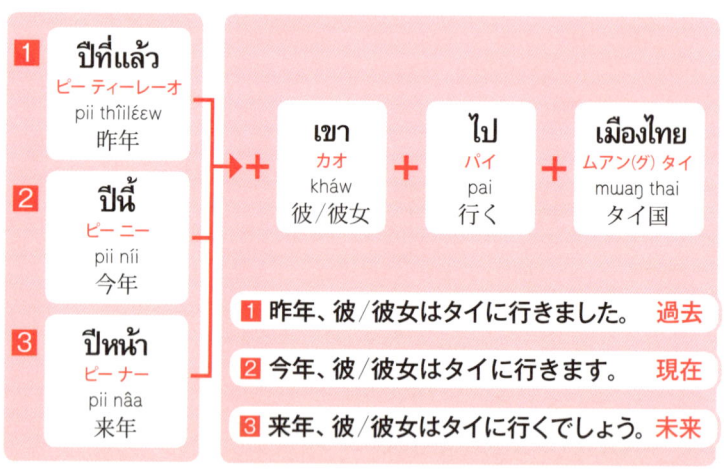

🔟 疑問詞

疑問詞の使い方は5章の各ページをご覧ください。

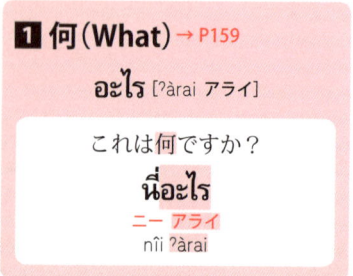

2 どちら (Which) → P227

ไหน [nǎi ナイ]

どちらの人が田中さんですか？

คนไหนชื่อคุณทานากะ
コン **ナイ** チュー クン ターナーカ
khon **nǎi** chŵw khun thaanaakà

3 どこに/へ/で (Where) → P122

ที่ไหน [thîinǎi ティーナイ]

どこで食べますか？

กิน **ที่ไหน**
ギン **ティーナイ**
kin **thîinǎi**

4 だれ (Who) → P140

ใคร [khrai クライ]

だれが行きますか？

ใคร ไป
クライ パイ
khrai pai

5 いつ (When) → P206

เมื่อไร [mŵarài ムアライ]

いつ行きますか？

ไป**เมื่อไร**
パイ **ムアライ**
pai **mŵarài**

6 なぜ (Why) → P230

ทำไม [thammai タムマイ]

なぜ行きますか？

ไป**ทำไม**
パイ **タムマイ**
pai **thammai**

7 どのような (How) → P154

อย่างไร [yaŋŋai ヤンガイ]

どうですか？

เป็น**อย่างไร**
ペン **ヤンガイ**
pen **yaŋŋai**

8 いくら、いくつ、どれだけ → P166

เท่าไร [thâwrài タオライ]

値段はいくらですか？

ราคา **เท่าไร**
ラーカー **タオライ**
raakhaa **thâwrài**

9 いくつ → P181

กี่ [kìi ギー]

何人ですか？

กี่คน
ギー コン
kìi khon

タイ語ってどんな言葉？

25

疑問文

「はい」「いいえ」で答える疑問文にするには物事を客観的に述べる平叙文の文末に、次の4つの疑問助詞のいずれかを置きます。意味が違うので使い分けましょう。

1 「〜ですか？」

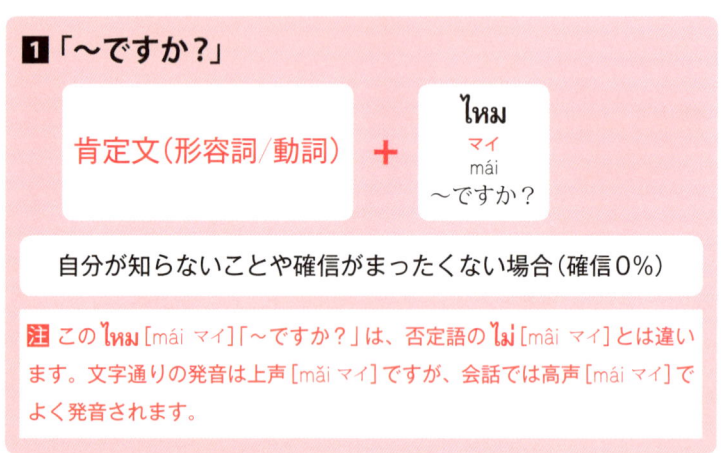

自分が知らないことや確信がまったくない場合（確信0％）

注 この ไหม [mái マイ]「〜ですか？」は、否定語の ไม่ [mâi マイ] とは違います。文字通りの発音は上声 [mǎi マイ] ですが、会話では高声 [mái マイ] でよく発音されます。

おいしいですか？

行きますか？

平叙文には肯定文と否定文がありますが、**ไหม**[mái マイ]は、否定文と、述語が名詞の肯定文には使いません。**ไหม**[mái マイ]以外の疑問助詞を使いましょう。

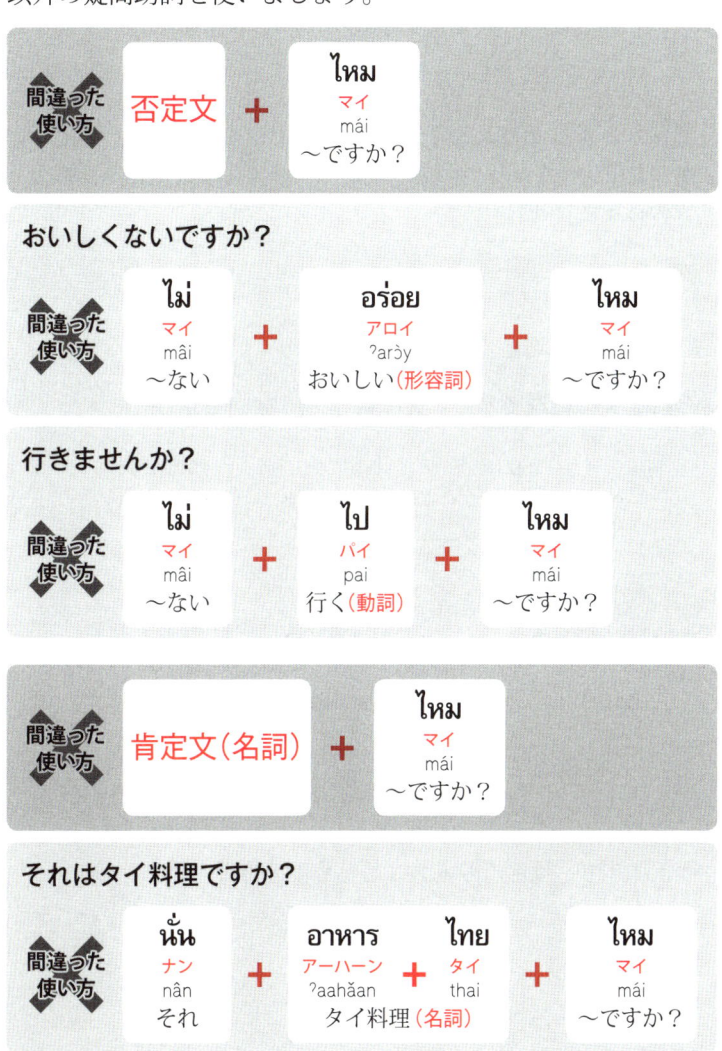

2 「～であるのかないのか、どちらですか？」

| 平叙文 | + | หรือเปล่า
ルプラーオ
rúplàaw
～か否か？ |

หรือ [rúɯ ル]「それとも」+ **เปล่า** [plàaw プラーオ]「否」の組み合わせで「～か否か？」と相手に「はい」「いいえ」の返事を強く求める場合（確信50％）

注 文字通りの発音は上声 [rɯ̌ɯplàaw ループラーオ] ですが、会話では、しばしば高声 [rúplàaw ルプラーオ] で発音されます。

それはタイ料理ですか、タイ料理ではないですか？

| นั่น
ナン
nân
それ | + | อาหาร
アーハーン
ʔaahǎan | ไทย
タイ
thai | + | หรือเปล่า
ルプラーオ
rúplàaw
～か否か？ |

タイ料理（名詞）

おいしいですか、おいしくないですか、どちらですか？

| อร่อย
アロイ
ʔarɔ̀y
おいしい（形容詞） | + | หรือเปล่า
ルプラーオ
rúplàaw
～か否か？ |

行きますか、行きませんか、どちらですか？

| ไป
パイ
pai
行く（動詞） | + | หรือเปล่า
ルプラーオ
rúplàaw
～か否か？ |

❸「〜なのですか？」

| 平叙文 | ＋ | หรือ
ルー / ル / ルー
rǔɯ / rú / rə̌ə
〜なのですか？ |

自分がすでに思っていて、ある程度、相手の答えを予測している場合（確信60％程度）

注 หรือ の発音は [rǔɯ ルー][rú ル][rə̌ə ルー]の3種類あります。
หรือ ⓒ [rǔɯ ⓚ ルー ⓚ]と単独で使うと、あいづちの「そうですか」の意味になります。

それはタイ料理なのですか？

おいしいのですか？

行くのですか？

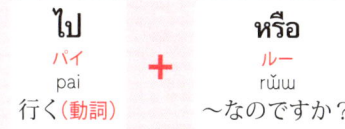

4 「〜でしょう？/〜ですね？」

| 平叙文 | ＋ | ใช่ไหม
チャイ マイ
châi mái
〜でしょう？/〜ですね？ |

ใช่ [châi チャイ]「そうです」＋ ไหม [mái マイ]「〜ですか？」の組み合わせで、自分が確信のあることに対して、相手に確認したり、念を押したり、同意を求める場合（確信70％以上）

それはタイ料理でしょう？/タイ料理ですね？

| นั่น
ナン
nân
それ | ＋ | อาหาร
アーハーン
ʔaahǎan | ไทย
タイ
thai | ＋ | ใช่ไหม
チャイ マイ
châi mái
〜でしょう？/〜ですね？ |

タイ料理（名詞）

おいしいでしょう？/おいしいですよね？

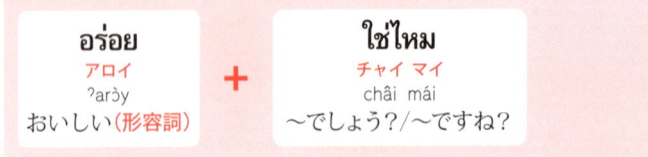

| อร่อย
アロイ
ʔarɔ̀y
おいしい（形容詞） | ＋ | ใช่ไหม
チャイ マイ
châi mái
〜でしょう？/〜ですね？ |

行くでしょう？/行きますね？

| ไป
パイ
pai
行く（動詞） | ＋ | ใช่ไหม
チャイ マイ
châi mái
〜でしょう？/〜ですね？ |

2

最初はこれだけ！基本表現10

1 丁寧語

ครับ / ค่ะ / คะ

クラッ(プ)　カ　カ
khráp　khâ　khá

～でございます。～です。～ます。はい。ええ。

　タイ語には文末につける丁寧語があります。日本語の「～でございます」「～です」「～ます」にあたり、目上、初対面、あまり親しくない人に対してはつけたほうがよいでしょう。

　話し手が女性の場合、「平叙文」は下声の **ค่ะ** [khâ]、「疑問文、呼びかけ」は高声の **คะ** [khá] と声調が変わります。男性は **ครับ** [khráp] のみです。日常会話では r を省略して **คับ** [kháp] と言うタイ人もいますが、正しい発音ではありません。単独で使われると、返事の「はい」、あいづちの「ええ」の意味にもなります。

話し手	平叙文、「はい」「ええ」	疑問文、呼びかけ
男性	ครับ khráp クラッ(プ) 高声	
女性	ค่ะ khâ カ 下声	คะ khá カ 高声

人の名前を呼ぶときにも文末に丁寧語をつけます。日本語の「〜さん」にあたる**คุณ**[khun]は名前の前に置きます。

それでは、名前を呼びかける練習をしてみましょう。

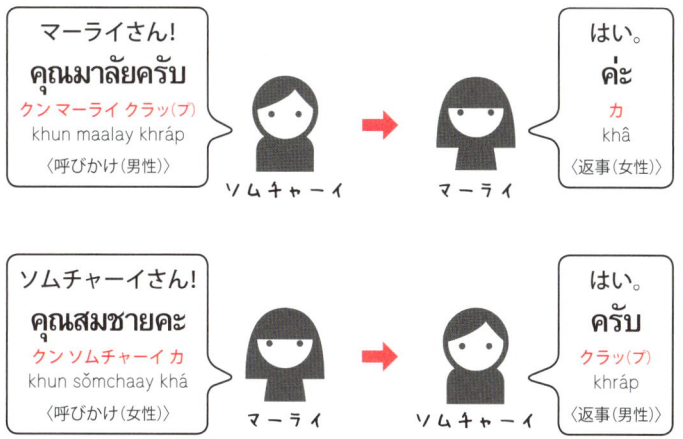

これから紹介するタイ語の文末には🄐、発音記号の文末には🄚、カタカナルビの文末には🄚をつけます。文末の🄐や🄚🄚には自分で**ค่ะ**[khâ]、**คะ**[khá]、**ครับ**[khráp]のいずれかを入れて発音しましょう。

2 いつでも使えるあいさつ

สวัสดี ⒸⒸ

サワッディー Ⓚ
sawàtdii Ⓚ

**おはようございます。こんにちは。
こんばんは。さようなら。**

　タイの伝統なあいさつは「どこへ行きますか？」(P111)「どこに行ってきましたか？」(P114)ですが、プライバシーを尊重する国際社会に配慮し、1943年にタイ国政府が公式に採用したのがこのあいさつです。**สวัสดี**[sawàtdii]は「平安、繁栄、無事」という意味で、会ったときにも別れるときにも１日中いつでも使うことができます。あいさつをする際には、相手が繁栄し無事でありますようにという心からの願いを込めて、ほほ笑みながら胸の前で手を合わせて頭を下げる**ไหว้**[wâi]の動作をします。原則として目下の人が先にあいさつをします。このあいさつをされたら、同じあいさつを返しますが、目上の人は頭は下げません。

　その他、気軽な日常のあいさつとして**กินข้าวแล้วรึยัง**[kin khâaw lέεw rɯ́yaŋ]「ご飯を食べましたか？」、**กินแล้ว**[kin lέεw]「食べました」もよく使われます。

3 日常のあいさつ

สบายดีไหม ⓒ

サバーイ ディー マイ Ⓚ
sabaay dii mái Ⓚ

お元気ですか？

สบาย [sabaay]「快適な、楽な」と **ดี** [dii]「よい」を組み合わせると **สบายดี** [sabaay dii]「元気です」となります。「お元気ですか？」と疑問文にするには、最後に高声で疑問を表す **ไหม** [mái]「～ですか?」をつけます。

このあいさつは英語の How are you doing?「お元気ですか？」にあたり、外国人にはよく使われますが、普段、タイ人同士は健康や天候を話題にしたあいさつはしません。平均気温28〜30度で年中暑いタイでは、日本のように天候による健康への影響があまりないからです。

返答は **สบายดี** [sabaay dii]「元気です」です。体調が悪いなら、その前に下声で否定語の **ไม่** [mâi]「～ない」を入れて、**ไม่สบาย** [mâi sabaay]「調子が悪いです」と言います。疑問を表す **ไหม** [mái]「～ですか？」と否定語の **ไม่** [mâi] の声調が違うことに注意しましょう。

4 お礼

ขอบคุณ ⓐ

コーッ(プ)クン Ⓚ
khɔ̀ɔpkhun Ⓚ

ありがとうございます。

　お礼のあいさつは、お世話になった方、品物をいただいた方などに使います。目上の人には、**ไหว้**[wâi]（P34）をしながらお礼を述べるとよいでしょう。返答は次に紹介する**ไม่เป็นไร**[mâi pen rai]「どういたしまして」です。

　タイでは、感謝の気持ちを何度も口に出して言う習慣はあまりありません。日本人は「先日はありがとう」と過去のことについて何度も感謝しますが、タイ人はその場でお礼を述べるだけで、過去のことに対して何度もお礼を言うことはあまりしません。

　しかし、タイ人も感謝の気持ちは常に持っており、適当な機会があれば恩返しや品物などのお返しをします。日本では贈り物をもらったらすぐにお返しをしますが、タイではすぐにお返しをする必要はありません。機会を待ってすればよいのです。

5 お礼・謝罪などへの返答

ไม่เป็นไร ⓒ

マイ ペン ライ ⓚ
mâi pen rai ⓚ

どういたしまして。大丈夫です。かまいません。

　日常生活のいろいろな場面でよく使われる言葉で、直訳すると「なんでもない」という意味です。

　たとえば、次のような場面でのさまざまな返答に使われます。

1. 「ありがとう」とお礼を言われたとき
    ➡「どういたしまして」
2. 「すみません」と謝られたとき
    ➡「大丈夫です」
3. 「大変ですね」と同情されたとき
    ➡「平気です」

　おおらかなタイ人気質を理解し、円滑なコミュニケーションを図るうえで大切な言葉ですので、どんどん使ってみましょう。

6 呼びかけと謝罪

ขอโทษ

コー トーッ(ト)
khɔ̌ɔ thôot

すみません。失礼ですが。ごめんなさい。

ขอโทษ[khɔ̌ɔ thôot]には、おもに2つの意味があります。

まず1つは、「すみません」「失礼ですが」と相手に呼びかけるときに使います。何かをお願いするときや質問するときに、いきなり要件を切り出すのではなく、「すみませんが」と呼びかけるのがエチケットです。

もう1つは「ごめんなさい」と「謝罪」するときに使います。タイ人は謝る前に、あれこれと理由を説明する傾向があるので、「タイ人はすぐに謝らない」と怒る日本人もいますが、日本と異なるタイの習慣を理解しましょう。

7 名詞の肯定と否定

ใช่ ⓀⒸ
チャイ Ⓚ
châi Ⓚ

ไม่ใช่ ⓀⒸ
マイ チャイ Ⓚ
mâi châi Ⓚ

(はい、)そうです。 / (いいえ、)違います。

　P32の基本表現1で、「はい」と男性が言う場合は **ครับ** [khráp]、女性の場合は **ค่ะ** [khâ]と言うことを学びました。ここでの **ใช่** [châi]「(はい、)そうです」は、名詞に対する質問に答えるときに使います。たとえば、「鈴木さんですか？」とか、「日本人ですか？」と聞かれたときに、**ใช่** [châi]と答えます。

　タイ語は、日本語の「いいえ」のように否定を表す語を単独では使いません。否定は、否定語の **ไม่** [mâi]を **ใช่** [châi]の前につけて、**ไม่ใช่** [mâi châi]と言います。日本人はタイ人と顔が似ているので、「タイ人ですか？」と聞かれたら、**ไม่ใช่** [mâi châi]と言えばよいでしょう。

8 理解・了解

เข้าใจ ⓒ
カオジャイ Ⓚ
khâwjai Ⓚ

わかりました。

ไม่เข้าใจ ⓒ
マイ カオジャイ Ⓚ
mâi khâwjai Ⓚ

わかりません。

　เข้า[khâw]「入る」とใจ[jai]「心」を合わせた言葉がเข้าใจ[khâwjai]「心に入る」です。つまり、「(あなたの言ったことが)心に入りました」すなわち「理解しました」という意味です。タイ語で話しかけると、タイ人は喜んでタイ語でどんどん話してきます。タイ語が聴きとれたら、เข้าใจ[khâwjai]と言いましょう。タイ人の言葉が心に入ってきたら、コミュニケーションは大成功です。

　しかし、残念ながら、相手が言っていることが「心に入らない」すなわち「理解できない」ときには、否定語のไม่[mâi]をเข้าใจ[khâwjai]の前につけて、ไม่เข้าใจ[mâi khâwjai]と言いましょう。タイ人は、わかるようにゆっくり繰り返して話してくれるはずです。

9 別れのあいさつ

โชคดี ⓐ

チョーッ(ク) ディー Ⓚ
chôok dii Ⓚ

幸運を祈ります。成功を祈ります。グッドラック。ついている。ラッキー。

 โชค [chôok]「運、運勢、運命」と **ดี** [dii]「よい」を合わせた言葉で、直訳は「幸運」ですが、英語の Good luck.「幸運を祈る」にあたる言葉です。健康を大切にする日本人は、別れ際に「お元気で」と言いますが、運を信じるタイ人は **โชคดี** [chôok dii] と言います。また、旅行に行く人への「行ってらっしゃい」、試験前の人への「がんばって」にも使われます。

 タイ人は成功や失敗は自分の能力や責任だけではなく、運も関係すると考えています。成功した人には **คนนี้ทั้งเก่งและเฮง** [khon níi tháŋ kèŋ lé heŋ]「この人は優秀で運がいいですね」とほめますが、**เฮง** [heŋ] は中国系の言葉で「運がよい」という意味です。多くのタイ人は新しいことを始めるときには、まず占い師に自分に運があるかどうかを確認します。

 この言葉は、クジに当たったり、事故でケガをしなかったときなど自分自身に使うと「ついている、ラッキー」の意味にもなります。

10 再会を望む別れのあいさつ

พบกันใหม่ ⓐ

ポッ(プ) ガン マイ Ⓚ
phóp kan mài Ⓚ

またお会いしましょう。

พบ [phóp]「会う」、**กัน** [kan]「お互いに」、**ใหม่** [mài]「新しい、改めて、また」を組み合わせた言葉で、お世話になった方などに対して別れ際に使うあいさつです。タイ人も日本人と同様に、別れるときには相手との再会を期待しますので、この言葉を言って再会を望む気持ちを伝えましょう。

再会の日がわからなければ、単に **พบกันใหม่** [phóp kan mài]と言って別れます。しかし、再会の日がわかったら、具体的な日にちを入れます。たとえば **พบกันใหม่พรุ่งนี้** [phóp kan mài phrûŋníi]「また明日会いましょう」などと言います。

親しい人には **เจอกันใหม่** [jəəkan mài]「またね」もよく使います。**เจอ** [jəə]も **พบ** [phóp]と同じ「会う」という意味です。

3

文字のしくみを知って、発音をマスターしよう

🔸1 文字の構成

タイ文字は「母音」「子音」「声調」の3つの組み合わせで成り立っていることは、P14で単語例を挙げて簡単に説明しました。ここではタイ文字を紹介し、「母音」「子音」「声調」の発音の仕方について説明します。

タイ語には日本語にない「母音」(P44)、「二重母音」(P46)、「無気音」(P47)、「末子音」(P51)、「声調」(P53)などがあり、カタカナでその発音の違いを表記することができません。カタカナ読みでは通じませんので、タイ語の発音のしくみを知り、なるべく発音記号を見ながら発音練習をしましょう。

🔸2 母音

基本となる母音は18あります。「短母音」と「長母音」がペアになっており、「長母音」は「短母音」を長めに発音します。日本語にない母音は、カタカナのルビでは発音の違いを表すことができないので、とくに注意が必要です。母音字は必ず子音字と組み合わせて使われ、「■」には子音字が入ります(右図)。

音節が母音の発音だけの場合は、母音の発音記号の前に[ʔ]をつけました。P50の発音記号[ʔ]がついている単語は、母音だけを発音してください。

短母音		単語例		長母音		単語例		発音
◾ะ	a / ア	กะ kà ガ	予測	◾า	aa / アー	กา kaa ガー	カラス	日本語の「ア」と同じ
◾ิ	i / イ	ติ tì ティ	非難する	◾ี	ii / イー	ตี tii ティー	叩く	日本語の「イ」と同じ
◾ึ	ɯ / ウ	รึ rɯ́ ル	または	◾ือ	ɯɯ / ウー	มือ mɯɯ ムー	手	唇を横に引いた「イ」の口で「ウ」を発音
◾ุ	u / ウ	ดุ dù ドゥ	叱る	◾ู	uu / ウー	ดู duu ドゥー	見る	唇を丸めて突き出し「ウ」を発音
เ◾ะ	e / エ	เตะ tè テ	蹴る	เ◾	ee / エー	เจ jee ジェー	草食	日本語の「エ」と同じ
แ◾ะ	ɛ / エ	แวะ wɛ́ ウェ	立ち寄る	แ◾	ɛɛ / エー	แก kɛɛ ゲー	お前	大きく開けた「ア」の口で「エ」を発音
โ◾ะ	o / オ	โปะ pò ポ	上乗せする	โ◾	oo / オー	โต too トー	大きい	日本語の「オ」と同じ
เ◾าะ	ɔ / オ	เกาะ kɔ̀ ゴ	島	◾อ	ɔɔ / オー	รอ rɔɔ ロー	待つ	大きく広げた「ア」の口で「オ」を発音
เ◾อะ	ə / ウ	เยอะ yə́ ユ	たくさんの	เ◾อ	əə / ウー	เจอ jəə ジュー	会う	半開きにした「エ」の口で軽く「ウ」を発音

3 二重母音

二重母音は前の母音を強く長く、後の母音は軽く発音します。
［ɯa ウアッ］は唇を横に引き、［ua ウアッ］は唇を丸めます。

短母音		単語例		長母音		単語例	
เ◼ียะ	ia イアッ	เกี๊ยะ kía キアッ	下駄	เ◼ีย	ia イア	เบียร์ bia ビア	ビール
เ◼ือะ	ɯa ウアッ	—	—	เ◼ือ	ɯa ウア	เนื้อ nɯ́a ヌア	肉、牛肉
◼ัวะ	ua ウアッ	จั๊วะ júa ジュアッ	真っ白	◼ัว	ua ウア	หัว hǔa フア	頭

4 余剰母音

余剰母音は、母音の後にy(i)、m、wの末子音(P51)がついているように発音します。

余剰母音		単語例		単語例	
ไ◼	ai アイ	ไป pai パイ	行く	ไข่ khài カイ	卵
ใ◼	ai アイ	ใน nai ナイ	中	ใส่ sài サイ	入れる、着る
◼ำ	am アム	จำ jam ジャム	覚える	ยำ yam ヤム	和える、サラダ
เ◼า	aw アオ	เมา maw マオ	酔っぱらう	เขา khǎw カオ	彼、彼女、山、角(つの)

5 有気音と無気音

　子音には息を出しながら発音する「有気音」と息を出さずに発音する「無気音」があります。とくに、日本語にない 4 つの無気音 [k][j][t][p] に注意して、有気音 [kh][ch][th][ph] と区別して発音できるようにしましょう。発音記号 [j] は一般的には [c] と表記しますが、本書では [j] を使用しています。

　無気音は、細長く切ったティッシュペーパーを口の前にぶら下げて発音練習しましょう。ティッシュペーパーが動かなければ「無気音」、息で動けば「有気音」です。

　無気音の [kɔɔ] は [コー] ではなく [ゴー]、[jɔɔ] は [チョー] ではなく [ジョー] と濁音に近づけると似た発音になります。

6 頭子音

　子音には、音節（音のひとまとまり）の最初に置かれる頭子音と最後に置かれる末子音があります。頭子音の発音は21あり、各音に対応する子音字は、現在、42字ですが、P48～P50 の表の（　）に入った頭子音字以外が基本子音字です。子音だけでは発音できないので、慣習上、子音に母音 ə [ɔɔ オー] をつけて発音します。CD は頭子音に母音 ə [ɔɔ オー] をつけて発音した後に単語例を収録しました。（　）内の頭子音字の発音は省略しました。

1 k, kh, ŋ

頭子音		単語例		単語例		発音
ก	k	กอ kɔɔ ゴー	草むら、やぶ (稲などの)株	กา kaa ガー	カラス やかん	「カ行」の子音、無気音。「ガ行」の濁音に近い発音で、カタカナ読みは「ガ行」で表記
ข, ค, (ฆ)	kh	คอ khɔɔ コー	首、のど	ขา khǎa カー	脚	「カ行」の子音、有気音
ง	ŋ	งอ ŋɔɔ (ン)ゴー	曲がった 曲げる	งา ŋaa (ン)ガー	ゴマ 象牙	鼻にかかった「(ン)ガ行」子音

2 j, ch

頭子音		単語例		単語例		発音
จ	j	จี้ jîi ジー	強盗 ペンダント	ใจ jai ジャイ	心	「チャ行」の子音、無気音。「ジャ行」の濁音に近い発音で、カタカナ読みは「ジャ行」で表記
ฉ, ช, (ฌ)	ch	ชี้ chíi チー	指す	ใช้ chái チャイ	使う	「チャ行」の子音、有気音

3 t, th, d

頭子音		単語例		単語例		発音
ต, (ฏ)	t	ตี tii ティー	叩く、打つ	เตา taw タオ	コンロ ストーブ	「タ行」の子音、無気音
ถ, ท, (ฐ, ฑ, ฒ, ธ)	th	ที thii ティー	回	เทา thaw タオ	灰色	「タ行」の子音、有気音
ด, (ฎ)	d	ดี dii ディー	よい	เดา daw ダオ	推測する	「ダ行」の子音

4 p, ph, b

頭子音		単語例		単語例		発音
ป	p	ป้า pâa パー	伯母	เป่า pàw パオ	吹く	「パ行」の子音、無気音
ผ,พ,(ภ)	ph	ผ้า phâa パー	布	เผา phăw パオ	燃やす 焼く	「パ行」の子音、有気音
บ	b	บ้า bâa バー	頭の悪い	เบา baw バオ	軽い	「バ行」の子音

5 r, l

頭子音		単語例		単語例		発音
ร	r	รา raa ラー	かび	รอ rɔɔ ロー	待つ	巻き舌の「ラ行」の子音
ล,(ฬ)	l	ลา laa ラー	ロバ 別れを告げる	ล้อ lɔ́ɔ ロー	車輪 冗談 からかう	「ラ行」の子音

6 s, h, f

頭子音		単語例		単語例		発音
ส,ซ (ศ,ษ)	s	ซา saa サー	下火になる 小降りになる	ไส้ sâi サイ	腸、中身	「サ行」の子音
ห, ฮ	h	หา hăa ハー	探す	ให้ hâi ハイ	与える	「ハ行」の子音
ฝ, ฟ	f	ฝา făa ファー	ふた	ไฟ fai ファイ	火、照明	「ファ行」の子音

7 n, m

頭子音		単語例		単語例		発音
น,(ณ)	n	นา naa ナー	田	ใน nai ナイ	中、内側	「ナ行」の子音
ม	m	มา maa マー	来る	ไม่ mâi マイ	～ない いいえ	「マ行」の子音

8 y, w, ?

頭子音		単語例		単語例		発音
ย,(ญ)	y	ใย yai ヤイ	繊維	ยา yaa ヤー	薬	「ヤ行」の子音、「ジャ行」の濁音に近い発音
ว	w	ไว wai ワイ	早い	ว่า wâa ワー	言う 叱る 責める	「ワ行」の子音
อ	ʔ	ไอ ʔai アイ	咳をする	อา ʔaa アー	叔父（父の弟）、叔母（父の妹）	母音の前につける子音で発音しません

7 末子音

末子音は音節の最後に置かれる子音です。末子音単独では発音できないため、CDには単語例のみ収録しました。

末子音		単語例		単語例		発音
-บ	p	ลาบ lâap ラーッ(プ)	豚挽肉の香草風味	สาบ sàap サーッ(プ)	汗臭い	「プ」の直前で息を止め、最後に唇を完全に閉じます
-ด	t	ลาด lâat ラーッ(ト)	坂	สาด sàat サーッ(ト)	投げつける	「ト」の直前で息を止め、舌先を上の歯茎につけます
-ก	k	ลาก lâak ラーッ(ク)	引きずる	สาก sàak サーッ(ク)	きね	「ク」の直前で息を止め、奥舌面を上あごの奥につけます
-ม	m	ลาม laam ラーム	蔓延する	สาม sǎam サーム	3	唇を完全に閉じ、そのまま鼻から声を出すように発音します
-น	n	ลาน laan ラーン	広場	สาน sǎan サーン	ゴザやカゴを編む	舌先を上の歯茎にあて、そのまま鼻から声を出すように発音します
-ง	ŋ	ล้าง láaŋ ラーン(グ)	(布、髪、全身以外を)洗う	สร้าง sâaŋ サーン(グ)	建てる作る	奥舌面を上あごの奥につけ、そのまま鼻から息を出すように発音します
-ว	w	ลาว laaw ラーオ	ラオス	สาว sǎaw サーオ	若い女性	「ウ」または「オ」を軽く発音します
-ย	y	ลาย laay ラーイ	模様	สาย sǎay サーイ	遅い 線状	「イ」を軽く発音します

8 二重子音

二重子音は [k, kh, t, th, p, ph] と [r, l, w] の組み合わせで成り立っています。子音の間には母音を入れずに発音しましょう。P32 で **ครับ** [khráp クラッ(プ)] が日常では **คับ** [kháp カッ(プ)] になると説明しましたが、二重子音 [r, l] を省略するのは正しい発音ではありません。

二重子音		単語例		二重子音		単語例	
กร	kr	กรอง krɔɔŋ グローン(グ)	こ濾す	คร	khr	ใคร khrai クライ	だれ
				ขร		ขรุขระ khrùkhrà クルクラ	でこぼこの
กล	kl	ไกล klai クライ	遠い	คล	khl	คล้าย khláay クラーイ	似ている
กว	kw	กว่า kwàa クワー	～より	ขว	khw	ขวา khwǎa クワー	右
				คว		ควาย khwaay クワーイ	水牛
ตร	tr	ตรง troŋ トロン(グ)	まっすぐ	—	—	—	—
ปร	pr	ปรุง pruŋ プルン(グ)	処理する	พร	phr	พระ phrá プラ	僧侶
ปล	pl	ปลา plaa プラー	魚	พล	phl	เพลง phleeŋ プレーン(グ)	歌

9 声調

正しい発音には音の高低を表す声調の習得が重要です。声調は5つあり、発音記号には声調がついています。

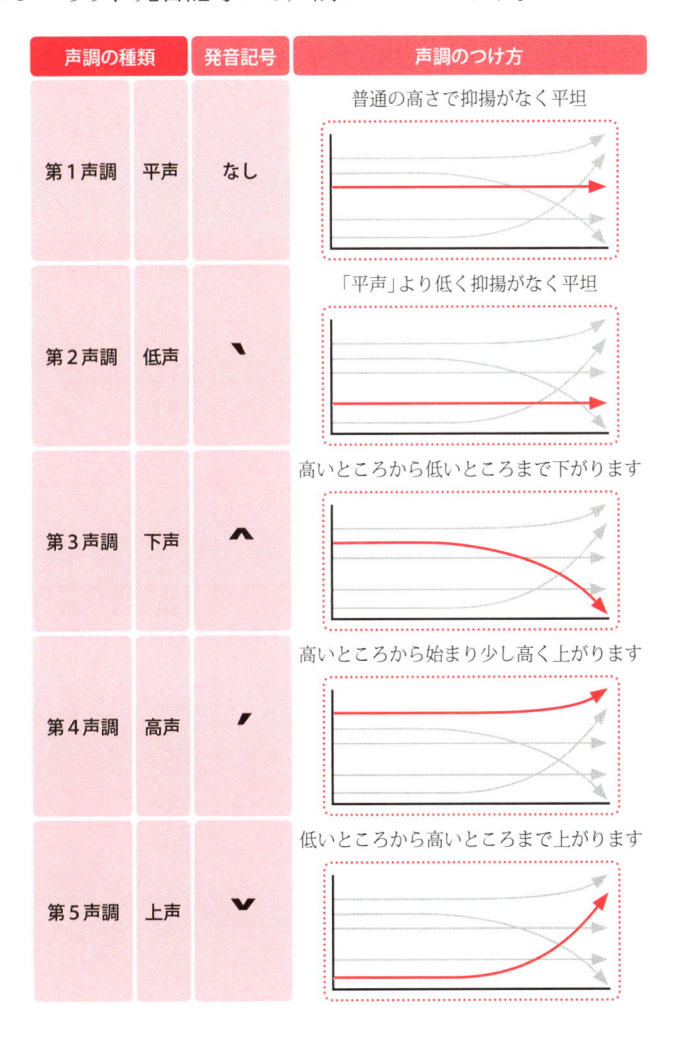

声調の種類		発音記号	声調のつけ方
第1声調	平声	なし	普通の高さで抑揚がなく平坦
第2声調	低声	ˋ	「平声」より低く抑揚がなく平坦
第3声調	下声	ˆ	高いところから低いところまで下がります
第4声調	高声	ˊ	高いところから始まり少し高く上がります
第5声調	上声	ˇ	低いところから高いところまで上がります

3 文字のしくみを知って、発音をマスターしよう

子音と母音の組み合わせが同じでも、声調が違うとまったく別の単語になります。たとえば、単語例のカタカナルビはすべて「パー」ですが、タイ語は声調によって単語が変わります。単に「パー」と言っても通じないのは、声調が正しくないからです。正しい声調で発音できるように繰り返して練習しましょう。タイ語は表音文字のため、低声の **หม่า** [màa マー]と下声の **ม่า** [mâa マー]の発音はできますが、とくに意味はありません。

声調	単語例		単語例		単語例	
平声	ปา paa パー	投げる	มา maa マー	来る	คา khaa カー	残っている
低声	ป่า pàa パー	森	หม่า màa マー	—	ข่า khàa カー	ナンキョウ (ショウガの一種)
下声	ป้า pâa パー	伯母	ม่า mâa マー	—	ค่า khâa カー	価値
高声	ป๊า páa パー	父	ม้า máa マー	馬	ค้า kháa カー	商売する
上声	ป๋า pǎa パー	父	หมา mǎa マー	犬	ขา khǎa カー	脚

よく使う基本単語を覚えよう

ホテルの部屋 ห้องในโรงแรม ホン(グ)ナイローン(グ)レーム hɔ̂ŋnairooŋrɛɛm

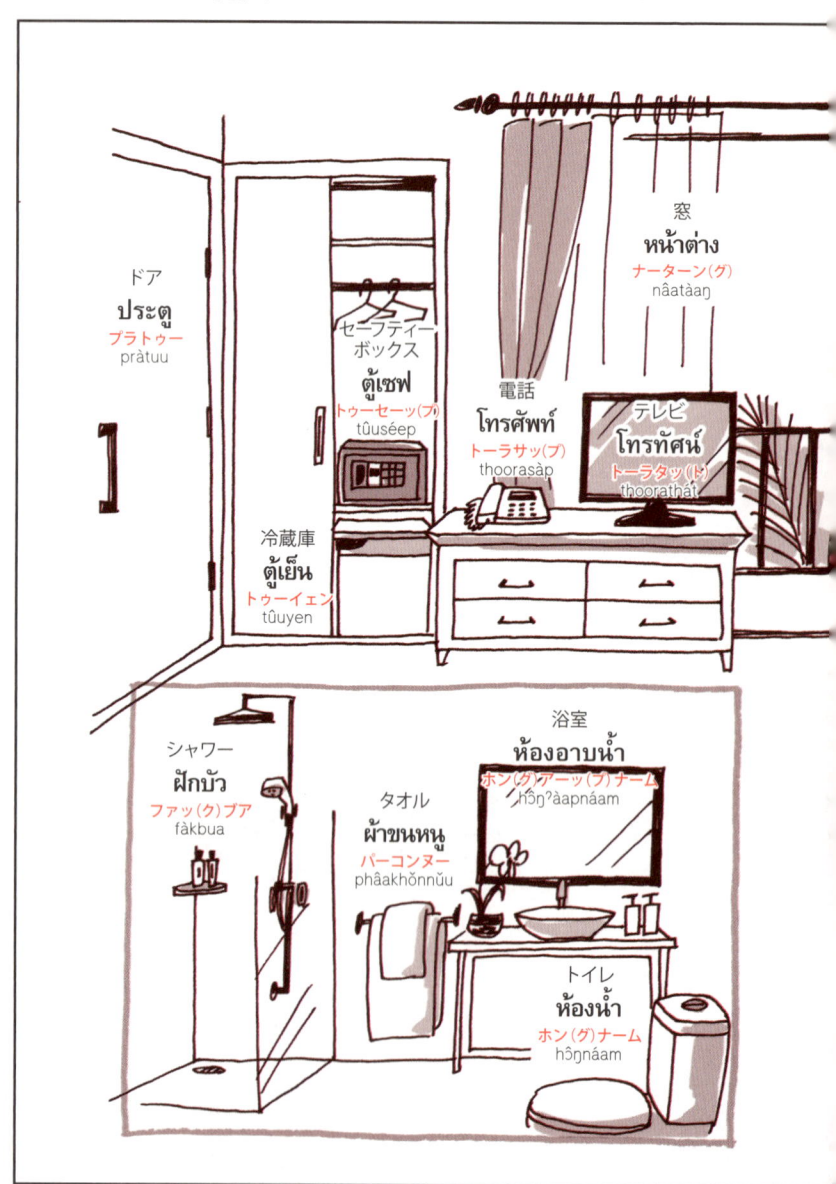

ドア
ประตู
プラトゥー
pràtuu

セーフティーボックス
ตู้เซฟ
トゥーセーフ(プ)
tûuséep

冷蔵庫
ตู้เย็น
トゥーイェン
tûuyen

電話
โทรศัพท์
トーラサッ(プ)
thoorasàp

窓
หน้าต่าง
ナーターン(グ)
nâatàaŋ

テレビ
โทรทัศน์
トーラタッ(ト)
thoorathát

シャワー
ฝักบัว
ファッ(ク)ブア
fàkbua

タオル
ผ้าขนหนู
パーコンヌー
phâakhǒnnǔu

浴室
ห้องอาบน้ำ
ホン(グ)アーッ(プ)ナーム
hɔ̂ŋʔàapnáam

トイレ
ห้องน้ำ
ホン(グ)ナーム
hɔ̂ŋnáam

56

❹ よく使う基本単語を覚えよう

エアコン
แอร์
エー
ʔɛɛ

照明
ไฟ
ファイ
fai

いす
เก้าอี้
カウイー
kâw ʔîi

ベッド
เตียง
ティアン(グ)
tiaŋ

毛布
ผ้าห่ม
パー ホム
phâa hòm

かぎ
กุญแจ
グンジェー
kunjɛɛ

テーブル
โต๊ะ
ト
tó

スーツケース
กระเป๋าเดินทาง
グラパオドゥーンターン(グ)
kràpǎwdəənthaaŋ

57

乗り物、施設 พาหนะ/สถานที่ パーハナ / サターンティー
phaahaná / sathǎanthîi

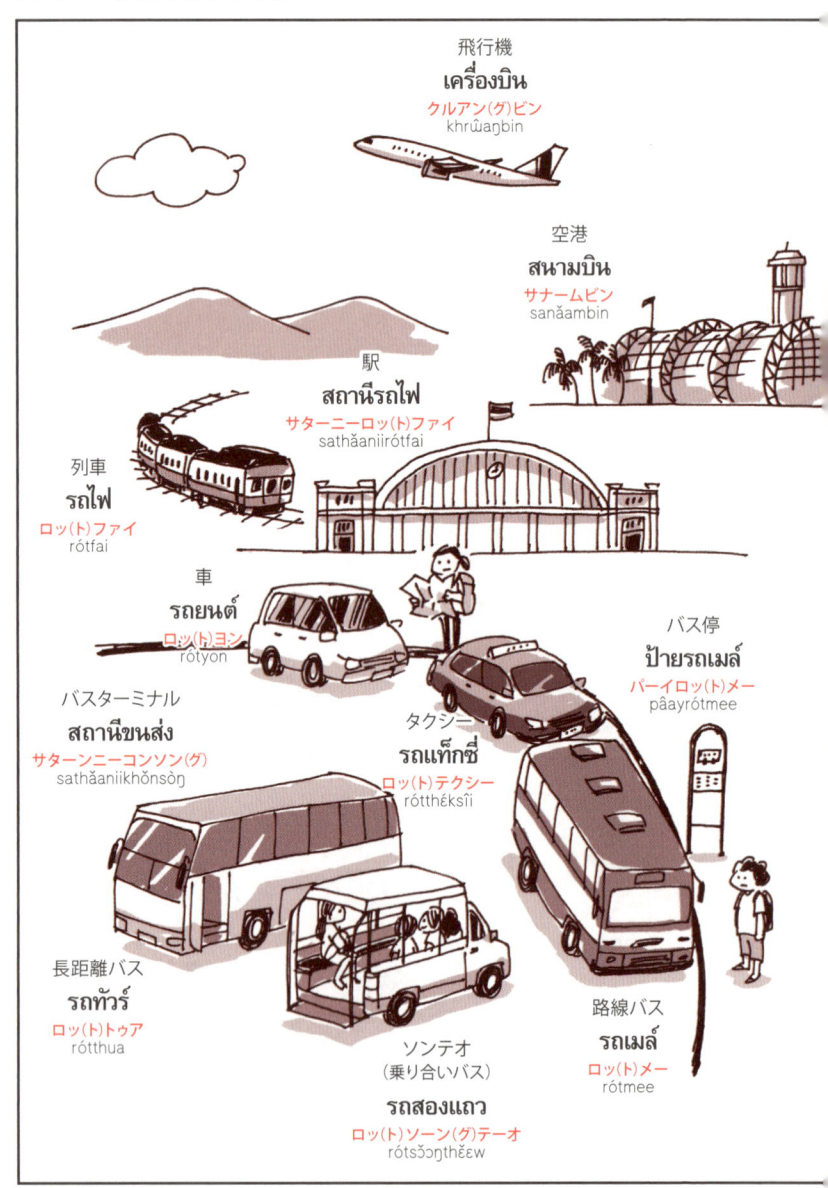

飛行機
เครื่องบิน
クルアン(グ)ビン
khrɯ̂aŋbin

空港
สนามบิน
サナームビン
sanǎambin

駅
สถานีรถไฟ
サターニーロッ(ト)ファイ
sathǎaniirótfai

列車
รถไฟ
ロッ(ト)ファイ
rótfai

車
รถยนต์
ロッ(ト)ヨン
rótyon

バス停
ป้ายรถเมล์
パーイロッ(ト)メー
pâayrótmee

バスターミナル
สถานีขนส่ง
サターニーコンソン(グ)
sathǎaniikhǒnsòŋ

タクシー
รถแท็กซี่
ロッ(ト)テクシー
rótthéksîi

長距離バス
รถทัวร์
ロッ(ト)トゥア
rótthua

ソンテオ
（乗り合いバス）
รถสองแถว
ロッ(ト)ソーン(グ)テーオ
rótsɔ̌ɔŋthɛ̌ɛw

路線バス
รถเมล์
ロッ(ト)メー
rótmee

58

バイク
รถมอเตอร์ไซค์
ロッ(ト)モーターサイ
rótmɔɔtəəsai

バイクタクシー
รถมอเตอร์ไซค์รับจ้าง
ロッ(ト)モーターサイラッ(プ)ジャーン(グ)
rótmɔɔtəəsairápjâaŋ

トゥクトゥク
(三輪タクシー)
รถตุ๊กตุ๊ก
ロッ(ト)トゥッ(ク)トゥッ(ク)
róttúktúk

自転車
รถจักรยาน
ロッ(ト)ジャッ(ク)クラヤーン
rótjàkkrayaan

船、ボート
เรือ
ルア
rɯa

船着き場
ท่าเรือ
タールア
thâarɯa

地下鉄
รถไฟฟ้าใต้ดิน
ロッ(ト)ファイファーターイディン
rótfaifáatâaidin

④ よく使う基本単語を覚えよう

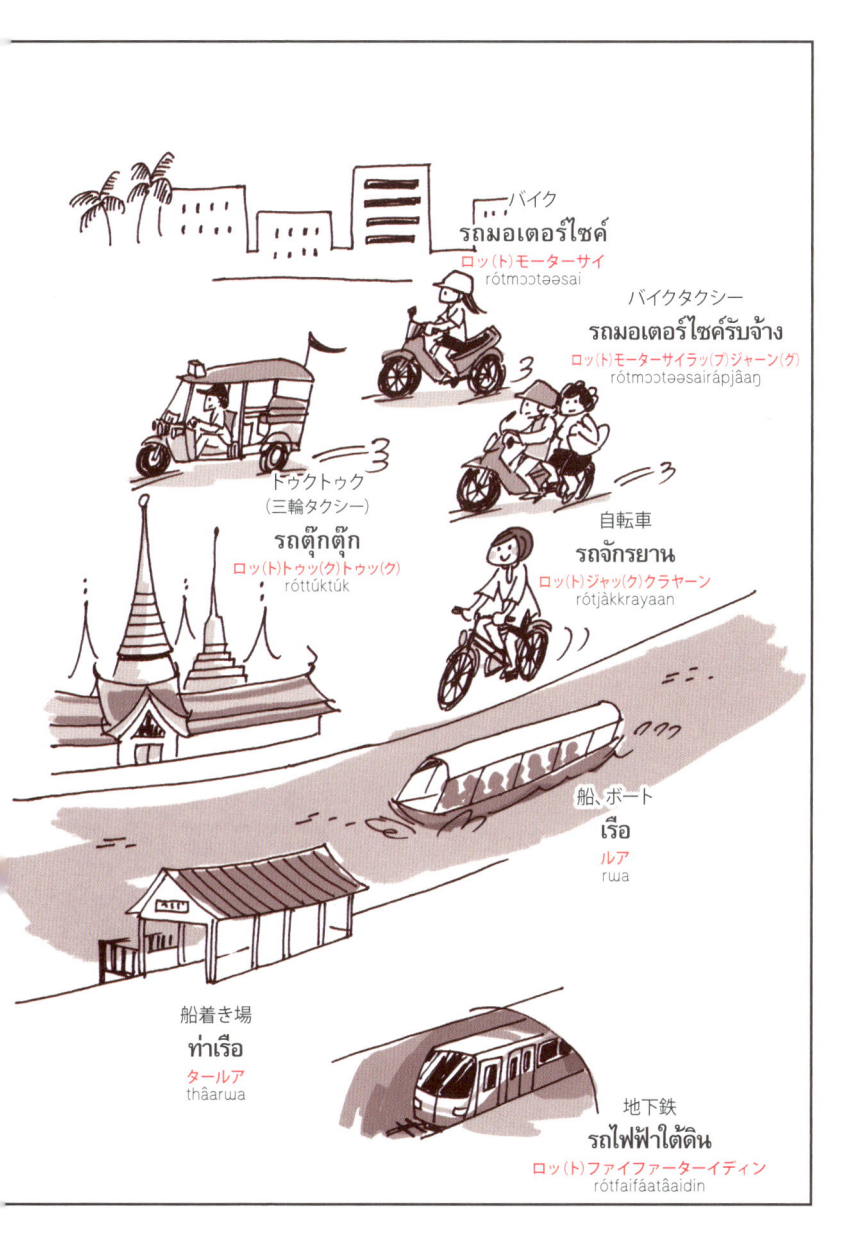

街 เมือง
ムアン(グ)
mɯaŋ

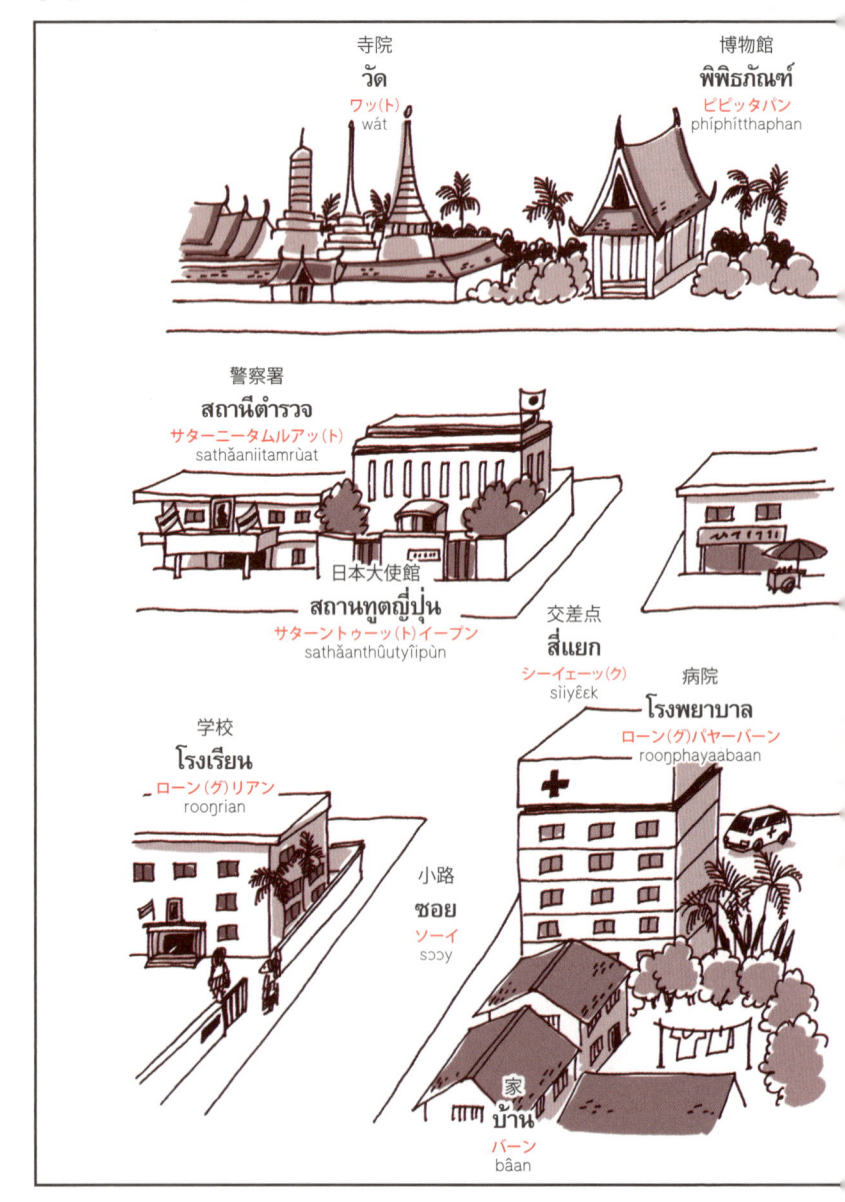

寺院
วัด
ワッ(ト)
wát

博物館
พิพิธภัณฑ์
ピピッタパン
phíphítthaphan

警察署
สถานีตำรวจ
サターニータムルアッ(ト)
sathǎaniitamrùat

日本大使館
สถานทูตญี่ปุ่น
サターントゥーッ(ト)イープン
sathǎanthûutyîipùn

交差点
สี่แยก
シーイェーッ(ク)
sìiyɛ̂ɛk

病院
โรงพยาบาล
ローン(グ)パヤーバーン
rooŋphayaabaan

学校
โรงเรียน
ローン(グ)リアン
rooŋrian

小路
ซอย
ソーイ
sɔɔy

家
บ้าน
バーン
bâan

60

銀行
ธนาคาร
タナーカーン
thanaakhaan

店
ร้าน
ラーン
ráan

エステサロン
สถานเสริมความงาม
サターンスームクワーム(ン)ガーム
sathǎansə̌əmkhwaamŋaam

フットマッサージ店
ร้านนวดเท้า
ラーンヌアッターオ
ráannûatthaáw

郵便局
ไปรษณีย์
プライサニー
praisanii

屋台
แผงลอย
ペーン(グ)ローイ
phɛ̌ɛŋlɔɔy

大通り
ถนน
タノン
thanǒn

ホテル
โรงแรม
ローン(グ)レーム
rooŋrɛɛm

公園
สวนสาธารณะ
スアンサーターラナ
sǔansǎathaaraná

4 よく使う基本単語を覚えよう

自然 ธรรมชาติ タムマチャーッ(ト) thammachâat

雲 เมฆ メーッ(ク) mêek

太陽 ดวงอาทิตย์ ドゥアン(グ)アーティッ(ト) duaŋʔaathít

雨 ฝน フォン fŏn

山 ภูเขา プーカオ phuukhǎw

滝 น้ำตก ナムトッ(ク) náamtòk

畑 สวน/ไร่ スアン/ライ sǔan/râi

田 นา ナー naa

川 แม่น้ำ メーナーム mɛ̂ɛnáam

池 สระน้ำ サナーム sànáam

森 ป่า パー pàa

星
ดวงดาว
ドゥアン(グ)ダーオ
duaŋdaaw

月
ดวงจันทร์
ドゥアン(グ)ジャン
duaŋjan

島
เกาะ
ゴ
kɔ̀

木
ต้นไม้
トンマーイ
tônmáai

風
ลม
ロム
lom

海
ทะเล
タレー
thálee

花
ดอกไม้
ドーッ(ク)マーイ
dɔ̀ɔkmáai

海岸
ชายทะเล
チャーイタレー
chaaythálee

動物 สัตว์ サッ(ト) sàt

象 ช้าง チャーン(グ) cháaŋ

へび งู (ン)グー ŋuu

虫 แมลง マレーン(グ) malɛɛŋ

サル ลิง リン(グ) liŋ

アヒル เป็ด ペッ(ト) pèt

カニ ปู プー puu

貝 หอย ホーイ hɔ̌ɔy

魚 ปลา プラー plaa

エビ กุ้ง グン(グ) kûŋ

鳥
นก
ノッ(ク)
nók

豚
หมู
ムー
mǔu

ネコ
แมว
メーオ
mɛɛw

山羊
แพะ
ペ
phé

牛
วัว
ウア
wua

鶏
ไก่
ガイ
kài

卵
ไข่
カイ
khài

犬
สุนัข
スナッ(ク)
sùnák

馬
ม้า
マー
máa

❹ よく使う基本単語を覚えよう

市場 ตลาด タラーッ(ト) talàat

野菜 ผัก パッ(ク) phàk

空芯菜
ผักบุ้ง
パッ(ク)ブン(グ)
phàkbûŋ

トマト
มะเขือเทศ
マクアテーッ(ト)
mákhɯ̌athêet

キュウリ
แตงกวา
テーンクワー
tɛɛŋkwaa

ジャガイモ
มันฝรั่ง
マンファラン(グ)
manfaràŋ

ナス
มะเขือ
マクア
mákhɯ̌a

モヤシ
ถั่วงอก
トゥア(ン)ゴーッ(ク)
thùaŋɔ̀ɔk

キャベツ
กะหล่ำปลี
ガラムプリー
kalàmplii

唐辛子
พริก
プリッ(ク)
phrík

66

果物 ผลไม้ ポンラマーイ phǒnlamáai

マンゴスチン
มังคุด
マンクッ(ト)
maŋkhút

バナナ
กล้วย
グルアイ
klûay

ドリアン
ทุเรียน
トゥリアン
thúrian

パパイヤ
มะละกอ
マラゴー
málákɔɔ

パイナップル
สับปะรด
サッパロッ(ト)
sàppàrót

スイカ
แตงโม
テン(グ)モー
tɛɛŋmoo

オレンジ
ส้ม
ソム
sôm

ココナツ
มะพร้าว
マップラーオ
máphráaw

④ よく使う基本単語を覚えよう

67

メニュー เมนู メーヌー meenuu

เมนู

白飯
ข้าวสวย
カーオスアイ
khâawsǔay

鶏挽肉のバジル炒めご飯
ข้าวผัดกะเพรา
カーオパッ(ト)ガッブラオ
khâawphàtkàphraw

カニチャーハン
ข้าวผัดปู
カーオパッ(ト)プー
khâawphàtpuu

おかゆ
ข้าวต้ม
カーオトム
khâawtôm

焼きそば
ผัดซีอิ๊ว
パッ(ト)シーイオ
phàtsiiʔíw

鶏肉のあぶり焼き
ไก่ย่าง
ガイヤーン(グ)
kàiyâaŋ

揚げ春巻
ปอเปี๊ยะทอด
ポーピアトーッ(ト)
pɔɔpíathɔ̂ɔt

青パパイヤのサラダ
ส้มตำ
ソムタム
sômtam

エビのスープ
ต้มยำกุ้ง
トムヤムグン(グ)
tômyamkûŋ

タイスキ
สุกี้ยากี้
スキーヤーキー
sukíiyaakîi

麺の注文方法 ▶ タイでは「汁あり中華麺」**บะหมี่น้ำ** [bàmìi náam バミー ナーム]、「汁なし細麺」**เส้นหมี่แห้ง** [sênmìi hɛ̂ɛŋ センミー

麺の種類

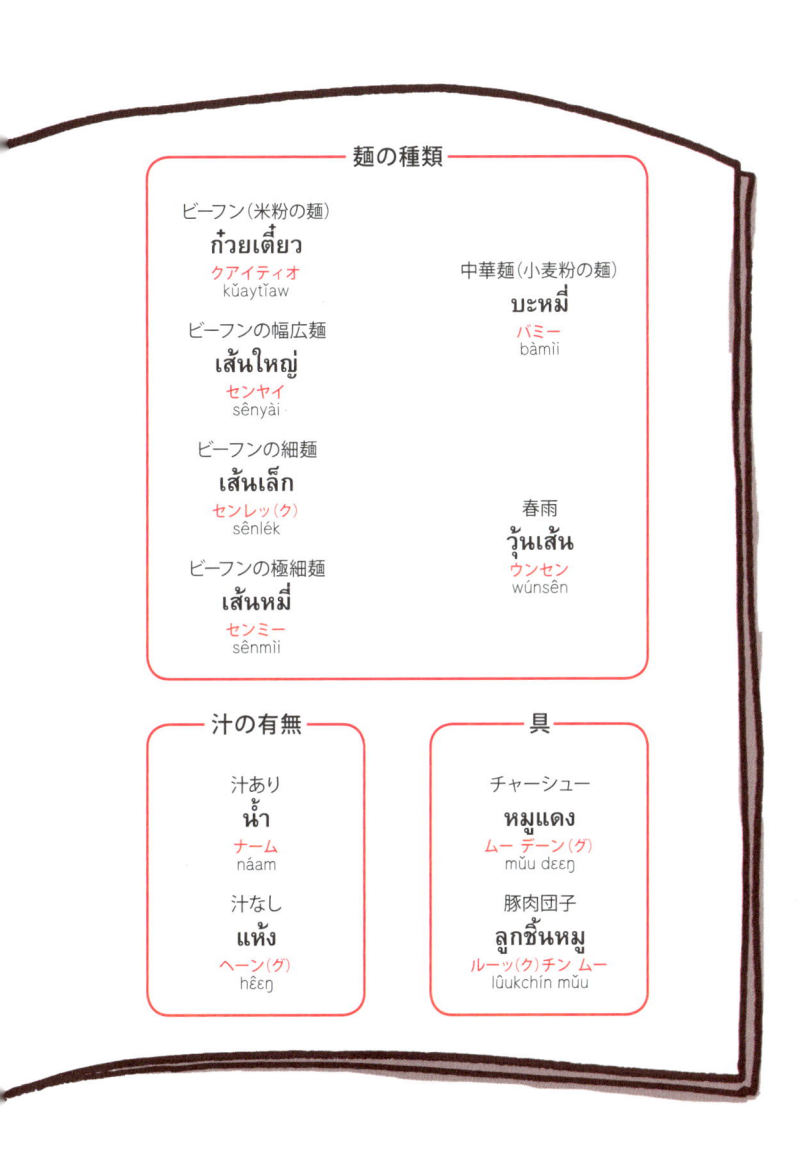

ビーフン（米粉の麺）
ก๋วยเตี๋ยว
クアイティオ
kǔaytǐaw

ビーフンの幅広麺
เส้นใหญ่
センヤイ
sênyài

ビーフンの細麺
เส้นเล็ก
センレッ（ク）
sênlék

ビーフンの極細麺
เส้นหมี่
センミー
sênmìi

中華麺（小麦粉の麺）
บะหมี่
バミー
bàmìi

春雨
วุ้นเส้น
ウンセン
wúnsên

汁の有無

汁あり
น้ำ
ナーム
náam

汁なし
แห้ง
ヘーン（グ）
hɛ̂ɛŋ

具

チャーシュー
หมูแดง
ムー デーン（グ）
mǔu dɛɛŋ

豚肉団子
ลูกชิ้นหมู
ルーッ（ク）チン ムー
lûukchín mǔu

ヘーン（グ）] など、「麺の種類」「汁の有無」を指定し、具を選んで注文します。

レストラン ร้านอาหาร
ラーン アーハーン
ráan ʔaahăan

グラス
แก้ว
ゲーオ
kɛ̂ɛw

氷
น้ำแข็ง
ナームケン(グ)
náamkhĕŋ

ジュース
น้ำผลไม้คั้น
ナームポンラマーイカン
náamphŏnlamáaikhán

ミルク
นม
ノム
nom

箸
ตะเกียบ
タギアッ(プ)
tàkìap

スプーン
ช้อน
チョーン
chɔ́ɔn

フォーク
ส้อม
ソーム
sɔ̂ɔm

ナイフ
มีด
ミーッ(ト)
mîit

ナンプラー
น้ำปลา
ナームプラー
náamplaa

砂糖
น้ำตาล
ナームターン
náamtaan

酢
น้ำส้มสายชู
ナームソムサーイチュー
náamsômsăaichuu

コショウ
พริกไทย
プリッ(ク)タイ
phríkthai

塩
เกลือ
グルア
klɯa

皿
จาน
ジャーン
jaan

70

紅茶	コーヒー	お湯
ชาฝรั่ง	**กาแฟ**	**น้ำร้อน**
チャーファラン（グ）	ガーフェー	ナームローン
chaafaràŋ	kaafɛɛ	náamrɔ́ɔn

ミネラルウオーター
น้ำแร่
ナームレー
náamrɛ̂ɛ

ビール
เบียร์
ビア
bia

ウイスキー
เหล้าวิสกี้
ラオウィッサキー
lâwwítsakîi

④ よく使う基本単語を覚えよう

デパート ห้างสรรพสินค้า ハーン(グ)サッパシンカー hâaŋsàpphasĭnkháa

2階

衣料品 สินค้าเสื้อผ้า
シンカースアパー
sĭnkháasɯ̂̂aphâa

試着室 ห้องลองเสื้อผ้า
ホン(グ)ローン(グ)スアパー
hôŋlɔɔŋsɯ̂̂aphâa

1階

インフォメーション ประชาสัมพันธ์
プラチャーサムパン
pràchaasǎmphan

化粧品 เครื่องสำอาง
クルアン(グ)サムアーン(グ)
khrɯ̂̂aŋsǎm?aaŋ

入口 ทางเข้า
ターン(グ)カオ
thaaŋkhâw

1階 ชั้น 1
チャンヌン(グ)
chánnɯ̀ŋ

エレベーター ลิฟท์
リッ(プ)
líp

地下1階

フードコート ศูนย์อาหาร
スーンアーハーン
sǔun?aahǎan

地下1階 ชั้นใต้ดินชั้นที่ 1
チャンターイディンチャンティーヌン(グ)
chántâaidinchánthîinɯ̀ŋ

駐車場

階段 บันได
バンダイ
bandai

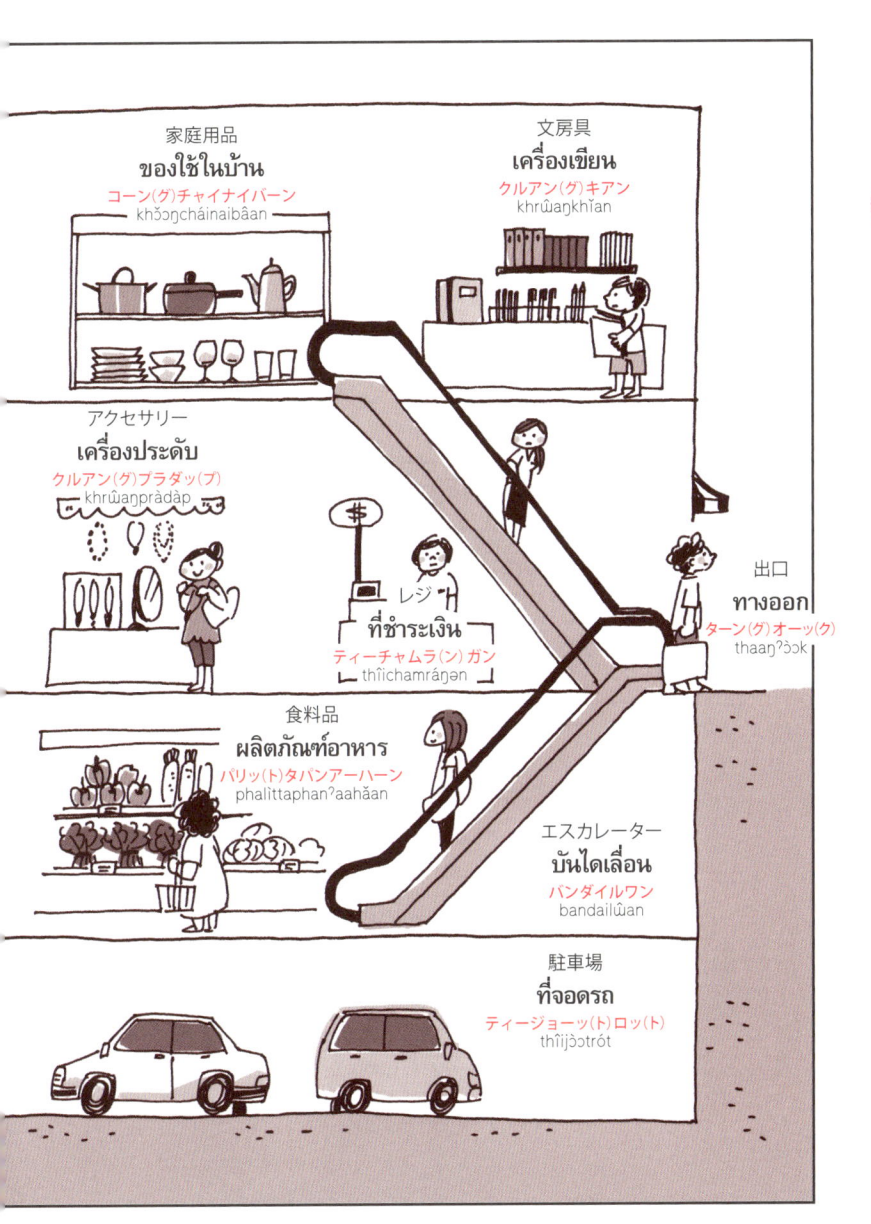

家庭用品
ของใช้ในบ้าน
コーン(グ)チャイナイバーン
khɔ̌ɔŋcháinaibâan

文房具
เครื่องเขียน
クルアン(グ)キアン
khrɯ̂aŋkhǐan

アクセサリー
เครื่องประดับ
クルアン(グ)プラダッ(プ)
khrɯ̂aŋprâdàp

レジ
ที่ชำระเงิน
ティーチャムラ(ン)ガン
thîichamráŋən

出口
ทางออก
ターン(グ)オーッ(ク)
thaaŋʔɔ̀ɔk

食料品
ผลิตภัณฑ์อาหาร
パリッ(ト)タパンアーハーン
phalìttaphanʔaahǎan

エスカレーター
บันไดเลื่อน
バンダイルワン
bandailɯ̂an

駐車場
ที่จอดรถ
ティージョーッ(ト)ロッ(ト)
thîijɔ̀ɔtrót

④ よく使う基本単語を覚えよう

73

スーパーマーケット ซุปเปอร์มาร์เก็ต

สุปเปอร์มาร์เก็ต(ต)
súppêemaakét

チョコレート
ช็อกโกแลต
チョッコレーッ(ト)
chɔ́kkoolɛ́ɛt

ドライフルーツ
ผลไม้แห้ง
ポンラマイヘーン(グ)
phǒnlamáaihɛ̂ɛŋ

パン
ขนมปัง
カノムパン(グ)
khanǒmpaŋ

菓子
ขนม
カノム
khanǒm

キャンディー
ลูกอม
ルーッ(ク)オム
lûukʔom

封筒
ซองจดหมาย
ソーン(グ)ジョッ(ト)マーイ
sɔɔŋjòtmǎay

便せん
กระดาษเขียนจดหมาย
グラダーッ(ト)キアンジョッ(ト)マーイ
kràdàatkhǐanjòtmǎay

切手
แสตมป์
サテーム
satɛɛm

薬
ยา
ヤー
yaa

蚊取り線香
ยากันยุง
ヤーガンユン(グ)
yaakanyuŋ

手荷物預かり所
ที่รับฝากของ
ティーラッ(プ)ファーッ(ク)コーン(グ)
thîirápfàakkhɔ̆ɔŋ

生理用ナプキン
ผ้าอนามัย
パーアナーマイ
phâaʔanaamay

電池
แบตเตอรี่
ベットゥーリー
bɛ̀ttəərîi

歯ブラシ
แปรงสีฟัน
プレーン(グ)シーファン
prɛɛŋsǐifan

インスタント食品
อาหารกึ่งสำเร็จรูป
アーハーングン(グ)サムレッ(ト)ルーッ(プ)
ʔaahǎankɯ̀ŋsǎmrètrûup

歯みがき粉
ยาสีฟัน
ヤーシーファン
yaasǐifan

カミソリ
มีดโกน
ミーッ(ト)ゴーン
mîitkoon

液体洗剤
น้ำยาซักผ้า
ナームヤーサッ(ク)パー
náamyaasákphâa

4 よく使う基本単語を覚えよう

服、身の回り品 เสื้อผ้า / ของใช้ประจำตัว

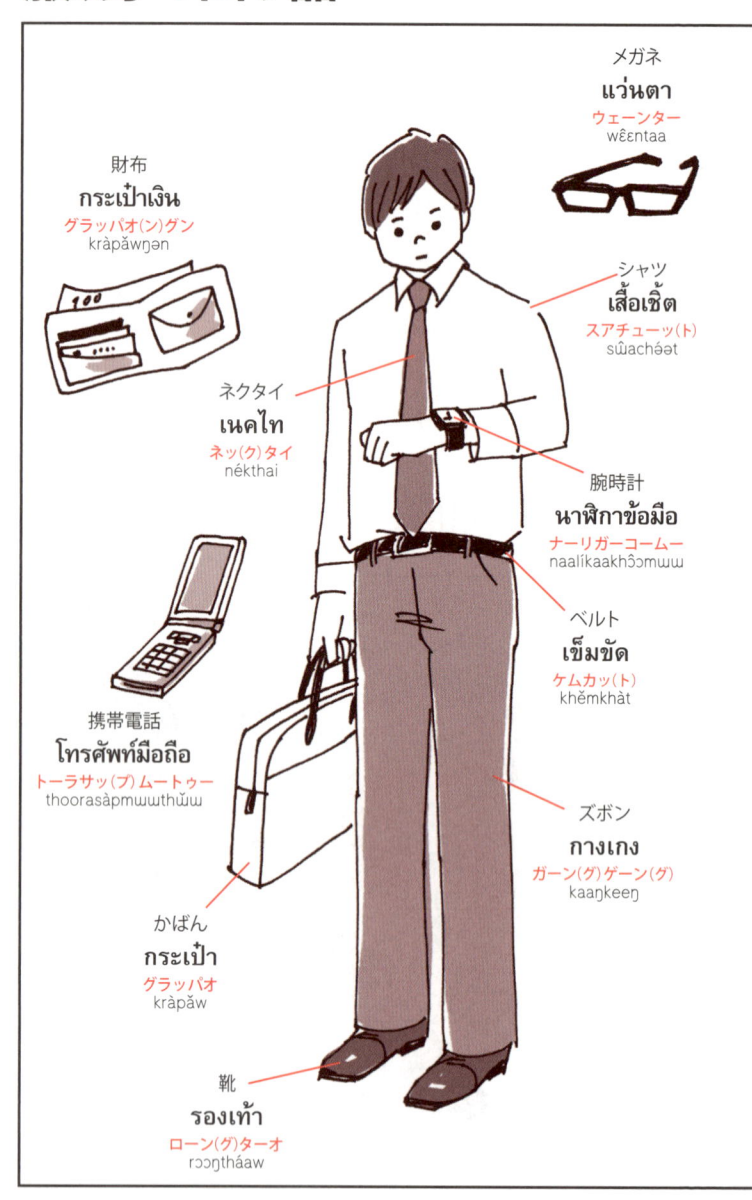

メガネ
แว่นตา
ウェーンター
wɛ̂ɛntaa

財布
กระเป๋าเงิน
グラッパオ(ン)グン
kràpǎwŋən

シャツ
เสื้อเชิ้ต
スアチューッ(ト)
sɯ̂ɯachə́ət

ネクタイ
เนคไท
ネッ(ク)タイ
nékthai

腕時計
นาฬิกาข้อมือ
ナーリガーコームー
naalíkaakhɔ̂ɔmɯɯ

ベルト
เข็มขัด
ケムカッ(ト)
khěmkhàt

携帯電話
โทรศัพท์มือถือ
トーラサッ(プ)ムートゥー
thoorasàpmɯɯthɯ̌ɯ

ズボン
กางเกง
ガーン(グ)ゲーン(グ)
kaaŋkeeŋ

かばん
กระเป๋า
グラッパオ
kràpǎw

靴
รองเท้า
ローン(グ)ターオ
rɔɔŋtháaw

76

スアパー / コーン(グ)チャイプラジャムトゥア
sŵaphâa / khǒɔŋcháiprajamtua

かさ
ร่ม
ロム
rôm

ブラウス
เสื้อสตรี
スアサットリー
sŵasàtrii

スカート
กระโปรง
グラッ(プ)ローン(グ)
kràprooŋ

帽子
หมวก
ムアッ(ク)
mùak

Tシャツ
เสื้อยืดคอกลม
スアユーッ(ト)コークロム
sŵayʉ̂ɯtkhɔɔklom

パンツ
กางเกงใน
ガーン(グ)ゲーン(グ)ナイ
kaaŋkeeŋnai

カメラ
กล้อง
グロン(グ)
klɔ̂ŋ

ジーンズ
กางเกงยีนส์
ガーン(グ)ゲーン(グ)イーン
kaaŋkeeŋyiin

④ よく使う基本単語を覚えよう

職業 อาชีพ アーチーッ(プ) ʔaachîip

先生
อาจารย์
アージャーン
ʔaajaan

大学生
นักศึกษา
ナッ(ク)スッ(ク)サー
náksɯ̀ksǎa

学生
นักเรียน
ナッ(ク)リアン
nákrian

医師
หมอ
モー
mɔ̌ɔ

看護師
นางพยาบาล
ナーン(グ)パヤーバーン
naaŋphayaabaan

警察官
ตำรวจ
タムルアッ(ト)
tamrùat

会社員
พนักงานบริษัท
パナッガーンボーリサッ(ト)
phanákŋaanbɔɔrisàt

運転手
คนขับรถ
コンカッ(プ)ロッ(ト)
khonkhàprót

公務員
ข้าราชการ
カーラーッ(ト)チャガーン
khâarâatchakaan

78

ガイド
ไกด์
ガイ
kâi

エンジニア
วิศวกร
ウィッサワゴーン
wítsawákɔɔn

店員
พนักงานร้าน
パナッ(ク)ガーンラーン
phanákŋaanráan

漁師
ชาวประมง
チャーオプラモン(グ)
chaawpràmoŋ

船長
กัปตัน
ガッ(プ)タン
kàptan

僧侶
พระสงฆ์
プラソン(グ)
phrásǒŋ

主婦
แม่บ้าน
メーバーン
mɛ̂ɛbâan

お手伝いさん
คนใช้
コンチャイ
khoncháai

農民
เกษตรกร
カセーッタゴーン
kasèettakɔɔn

④ よく使う基本単語を覚えよう

家族 ครอบครัว クローッ(プ)クルア khrɔ̂ɔpkhrua

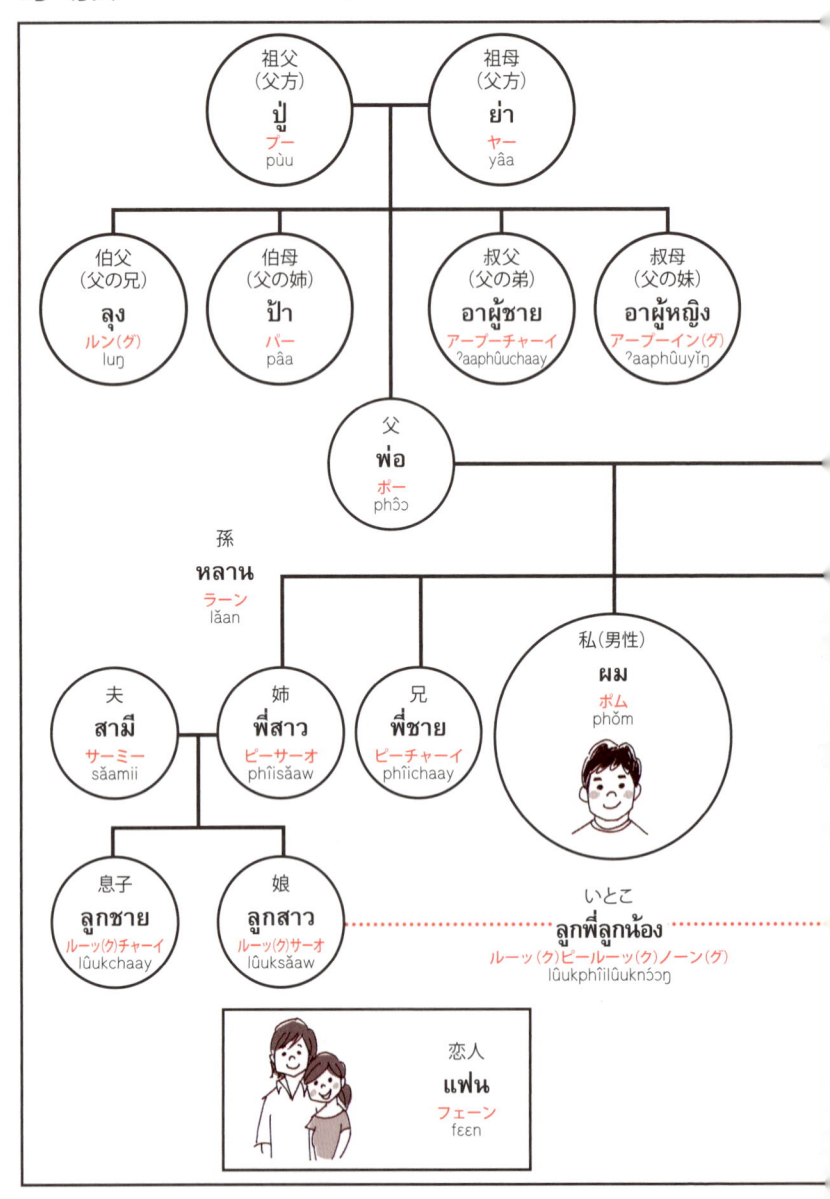

- 祖父（父方） **ปู่** プー pùu
- 祖母（父方） **ย่า** ヤー yâa
- 伯父（父の兄） **ลุง** ルン(グ) luŋ
- 伯母（父の姉） **ป้า** パー pâa
- 叔父（父の弟） **อาผู้ชาย** アープーチャーイ ʔaaphûuchaay
- 叔母（父の妹） **อาผู้หญิง** アープーイン(グ) ʔaaphûuyǐŋ
- 父 **พ่อ** ポー phɔ̂ɔ
- 孫 **หลาน** ラーン lǎan
- 私(男性) **ผม** ポム phǒm
- 夫 **สามี** サーミー sǎamii
- 姉 **พี่สาว** ピーサーオ phîisǎaw
- 兄 **พี่ชาย** ピーチャーイ phîichaay
- 息子 **ลูกชาย** ルーッ(ク)チャーイ lûukchaay
- 娘 **ลูกสาว** ルーッ(ク)サーオ lûuksǎaw
- いとこ **ลูกพี่ลูกน้อง** ルーッ(ク)ピールーッ(ク)ノーン(グ) lûukphîilûuknɔ́ɔŋ
- 恋人 **แฟน** フェーン fɛɛn

80

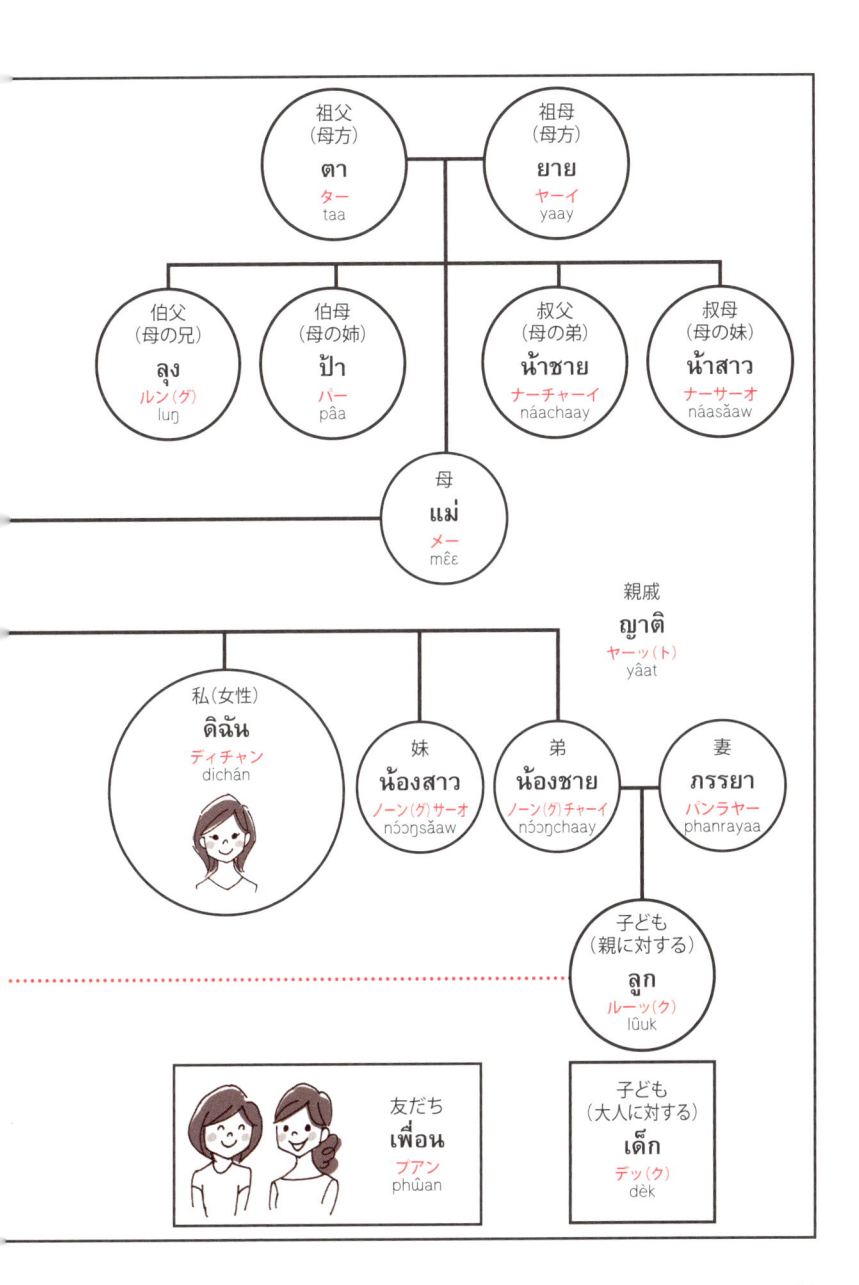

よく使う基本単語を覚えよう

- 祖父（母方） **ตา** ター taa
- 祖母（母方） **ยาย** ヤーイ yaay
- 伯父（母の兄） **ลุง** ルン(グ) luŋ
- 伯母（母の姉） **ป้า** パー pâa
- 叔父（母の弟） **น้าชาย** ナーチャーイ náachaay
- 叔母（母の妹） **น้าสาว** ナーサーオ náasǎaw
- 母 **แม่** メー mɛ̂ɛ
- 親戚 **ญาติ** ヤーッ(ト) yâat
- 私（女性） **ดิฉัน** ディチャン dichán
- 妹 **น้องสาว** ノーン(グ)サーオ nɔ́ɔŋsǎaw
- 弟 **น้องชาย** ノーン(グ)チャーイ nɔ́ɔŋchaay
- 妻 **ภรรยา** パンラヤー phanrayaa
- 子ども（親に対する） **ลูก** ルーッ(ク) lûuk
- 友だち **เพื่อน** プアン phɯ̂an
- 子ども（大人に対する） **เด็ก** デッ(ク) dèk

身体、顔 ร่างกาย/หน้า ラーン(グ)ガーイ / ナー
râaŋkaay / nâa

頭 หัว フア hǔa

顔 หน้า ナー nâa

手 มือ ムー mɯɯ

指 นิ้ว ニオ níw

肩 ไหล่ ライ lài

爪 เล็บ レッ(プ) lép

首 คอ コー khɔɔ

腕 แขน ケーン khɛ̌ɛn

背中 หลัง ラン(グ) lǎŋ

胸 อก オッ(ク) ʔòk

尻 ก้น ゴン kôn

腹 ท้อง トーン(グ) thɔ́ɔŋ

腰 เอว エーオ ʔeew

脚 ขา カー khǎa

足 เท้า ターオ tháaw

82

髪
ผม
ポム
phǒm

目
ตา
ター
taa

耳
หู
フー
hǔu

鼻
จมูก
ジャムーッ(ク)
jamùuk

口
ปาก
パーッ(ク)
pàak

あご
คาง
カーン(グ)
khaaŋ

舌
ลิ้น
リン
lín

歯
ฟัน
ファン
fan

4 よく使う基本単語を覚えよう

国名 — ประเทศ プラテーッ(ト) pràthêet

日本	ญี่ปุ่น イープン yîipùn	フィリピン	ฟิลิปปินส์ フィリッピン fílíppin
タイ	ไทย タイ thai	インド	อินเดีย インディア ʔindia
中国	จีน ジーン jiin	フランス	ฝรั่งเศส ファラン(グ)セーッ(ト) faràŋsèet
韓国	เกาหลีใต้ ガオリーターイ kawlǐitâai	ドイツ	เยอรมัน ユーラマン yəəraman
アメリカ	สหรัฐอเมริกา サハラッ(ト)アメーリガー sahàrátʔameeríkaa	イタリア	อิตาลี イターリー ʔitaalîi
イギリス	อังกฤษ アングリッ(ト) ʔaŋkrìt	スペイン	สเปน サペーン sapeen
ベトナム	เวียดนาม ウィアッ(ト)ナーム wîatnaam	ポルトガル	โปรตุเกส プロートゥゲーッ(ト) prootùkèet
カンボジア	กัมพูชา ガムプーチャー kamphuuchaa	ロシア	รัสเซีย ラッ(ト)シア rátsia
マレーシア	มาเลเซีย マーレーシア maaleesia		
インドネシア	อินโดนีเซีย インドーニーシア ʔindooniisia		

数字 — ตัวเลข トゥアレーッ(ク) tualêek — (P163)

0 ศูนย์ スーン sǔun	**6** หก ホッ(ク) hòk	**20** ยี่สิบ イーシッ(プ) yîisìp
1 หนึ่ง ヌン(グ) nɯ̀ŋ	**7** เจ็ด ジェッ(ト) jèt	**百** ร้อย ローイ rɔ́ɔy
2 สอง ソーン(グ) sɔ̌ɔŋ	**8** แปด ペーッ(ト) pɛ̀ɛt	**千** พัน パン phan
3 สาม サーム sǎam	**9** เก้า ガーオ kâaw	**万** หมื่น ムーン mɯ̀ɯn
4 สี่ シー sìi	**10** สิบ シッ(プ) sìp	**十万** แสน セーン sɛ̌ɛn
5 ห้า ハー hâa	**11** สิบเอ็ด シッ(プ)エッ(ト) sìpʔèt	**百万** ล้าน ラーン láan
1番目の ~ที่หนึ่ง ~ティーヌーン(グ) ~ thîinɯ̀ŋ	2番目の ~ที่สอง ~ティーソーン(グ) ~ thîisɔ̌ɔŋ	最後の ~สุดท้าย ~ スッ(ト)ターイ ~ sùttháay

月 — เดือน ドゥアン dɯan (P208) 〔CD 17〕

1月 มกราคม モッガラーコム mókkaraakhom	**5月** พฤษภาคม プルサパーコム phrɯ́saphaakhom	**9月** กันยายน ガンヤーヨン kanyaayon
2月 กุมภาพันธ์ グムパーパン kumphaaphan	**6月** มิถุนายน ミトゥナーヨン míthùnaayon	**10月** ตุลาคม トゥラーコム tùlaakhom
3月 มีนาคม ミーナーコム miinaakhom	**7月** กรกฎาคม ガラガダーコム karakadaakhom	**11月** พฤศจิกายน プルサジガーヨン phrɯ́sajìkaayon
4月 เมษายน メーサーヨン meesǎayon	**8月** สิงหาคม シン(グ)ハーコム sǐŋhǎakhom	**12月** ธันวาคม タンワーコム thanwaakhom

季節 — ฤดู / หน้า ルドゥー／ナー rɯ́duu / nâa 〔CD 19〕

春 ฤดูใบไม้ผลิ ルドゥーバイマーイプリ rɯ́duubaimáaiphlì	**秋** ฤดูใบไม้ร่วง ルドゥーバイマーイルアン(グ) rɯ́duubaimáairûaŋ
夏 ฤดูร้อน ルドゥーローン rɯ́duurɔ́ɔn	**冬** ฤดูหนาว ルドゥーナーオ rɯ́duunǎaw

曜日 — วัน ワン wan — (P208)

- 日 วันอาทิตย์ ワンアーティッ(ト) wan ʔaathít
- 月 วันจันทร์ ワンジャン wanjan
- 火 วันอังคาร ワンアン(グ)カーン wan ʔaŋkhaan
- 水 วันพุธ ワンプッ(ト) wanphút
- 木 วันพฤหัสบดี ワンパルハッ(ト)サボディー wanphárɯ́hàtsabɔdii
- 金 วันศุกร์ ワンスッ(ク) wansùk
- 土 วันเสาร์ ワンサオ wansǎw

週

雨季 (6〜10月)	ฤดูฝน ルドゥーフォン rɯ́duufǒn
乾季 (11〜2月)	ฤดูแล้ง ルドゥーレーン(グ) rɯ́duulɛ́ɛŋ
暑季 (3〜5月)	ฤดูร้อน ルドゥーローン rɯ́duurɔ́ɔn

新年	ปีใหม่ ピーマイ piimài
Xmas	วันคริสต์มาส ワンクリッサマーッ(ト) wankhrítsamâat
大晦日	วันสิ้นปี ワンシンピー wansînpii
誕生日	วันเกิด ワングーッ(ト) wankɤ̀ɤt

年月日 — วันเดือนปี ワン ドゥアン ピー / wan dwan pii —— (P207)

日	วัน ワン wan	月／〜か月	เดือน ドゥアン dwan
週	อาทิตย์ アーティッ(ト) ʔaathít	年	ปี ピー pii

※CDには○に「年」を入れて収録。

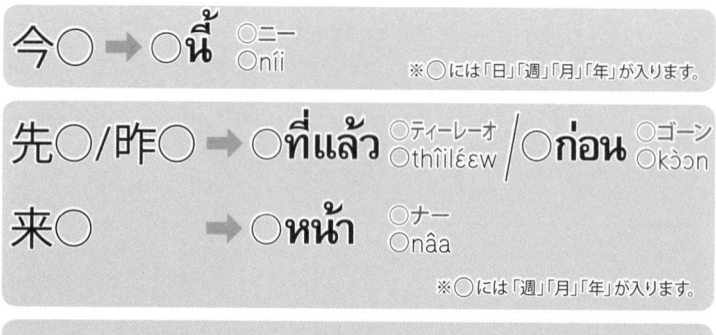

今○ → **○นี้** ○ニー / ○níi
※○には「日」「週」「月」「年」が入ります。

先○／昨○ → **○ที่แล้ว** ○ティーレーオ／○thîilέεw ／ **○ก่อน** ○ゴーン／○kɔ̀ɔn

来○ → **○หน้า** ○ナー／○nâa
※○には「週」「月」「年」が入ります。

〜○前 → **〜○ก่อน** 〜○ゴーン／〜○kɔ̀ɔn

〜○後 → **อีก〜○** イーッ(ク)〜○／ʔìik〜○

毎○ → **ทุก○** トゥッ(ク)○／thúk○

〜○間 → **〜○** 〜○／〜○

※〜には「数字」が入ります。
※○には「日」「週」「月」「年」が入ります。

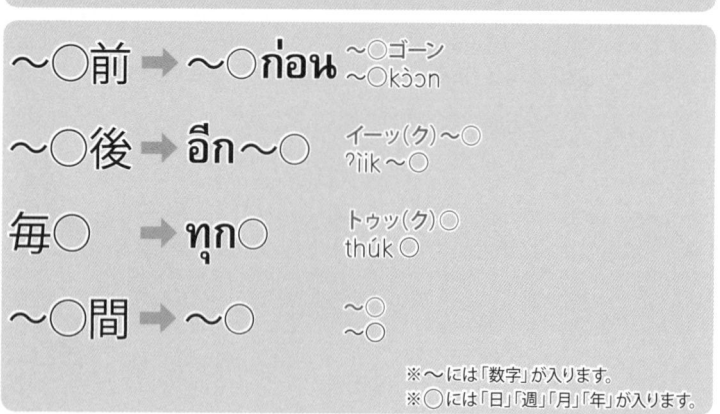

※時刻はP212参照。

昨日	เมื่อวานนี้ ムアワーンニー mŵawaanníi
明日	พรุ่งนี้ プルン(グ)ニー phrûŋníi
朝	เช้า チャーオ cháaw
昼	เที่ยง ティアン(グ) thîaŋ
夕方	ตอนเย็น トーン イェン tɔɔn yen
夜	กลางคืน グラーン(グ)クーン klaaŋkhɯɯn
深夜	กลางดึก グラーン(グ)ドゥッ(ク) klaaŋdɯ̀k

午前	ตอนเช้า トーンチャーオ tɔɔncháaw
午後	ตอนบ่าย トーン バーイ tɔɔn bàay
今	ตอนนี้ トーンニー tɔɔnníi
今すぐに	เดี๋ยวนี้ ディアオニー dǐawníi
この前	วันก่อน ワン ゴーン wan kɔ̀ɔn
さきほど	เมื่อสักครู่ ムアサックルー mŵasàkkhrûu
のちほど	ภายหลัง パーイラン(グ) phaaylǎŋ

4 よく使う基本単語を覚えよう

形容詞 — คำคุณศัพท์ カムクンナサッ(プ) khamkhunnasàp

日本語	タイ語		日本語	タイ語
大きい	ใหญ่ ヤイ yài		小さい	เล็ก レッ(ク) lék
多い	มาก マーッ(ク) mâak		少ない	น้อย ノーイ nɔ́ɔy
新しい	ใหม่ マイ mài		古い	เก่า ガオ kàw
(高さが)高い	สูง スーン(グ) sǔuŋ		低い	ต่ำ タム tàm
長い	ยาว ヤーオ yaaw		短い	สั้น サン sân
重い	หนัก ナッ(ク) nàk		軽い	เบา バオ baw
広い	กว้าง グワーン(グ) kwâaŋ		狭い	แคบ ケーッ(プ) khɛ̂ɛp
明るい	สว่าง サワーン(グ) sawàaŋ		暗い	มืด ムーッ(ト) mɯ̂ɯt

(値段が)高い	แพง ペーン(グ) phɛɛŋ	安い	ถูก トゥーッ(ク) thùuk
早い	เร็ว レオ rew	遅い	ช้า チャー cháa
遠い	ไกล グライ klai	近い	ใกล้ グライ klâi
難しい	ยาก ヤーッ(ク) yâak	簡単な	ง่าย (ン)ガーイ ŋâay
よい	ดี ディー dii	悪い	เลว レーオ leew
清潔な	สะอาด サアッー(ト) sàʔàat	汚い	สกปรก ソッガプロッ(ク) sòkkapròk
暑い 熱い	ร้อน ローン rɔ́ɔn	寒い	หนาว ナーオ nǎaw
おなかがすいた	หิว ヒウ hǐw	のどがかわいた	คอแห้ง コーヘーン(グ) khɔɔhɛ̂ɛŋ

4 よく使う基本単語を覚えよう

日本語	タイ語	カナ	発音
上手な	เก่ง	ゲン(グ)	kèŋ
下手な	ไม่เก่ง	マイゲン(グ)	mâikèŋ
賢い / 頭のよい	ฉลาด	チャラーッ(ト)	chalàat
おろかな / 頭の悪い	โง่เขลา	(ン)ゴークラオ	ŋôokhlǎw
勤勉な	ขยัน	カヤン	khayǎn
怠け者の	ขี้เกียจ	キーギアッ(ト)	khîikìat
美人な	คนสวย	コンスアイ	khonsǔay
かわいい	น่ารัก	ナーラッ(ク)	nâarák
ハンサムな	รูปหล่อ	ルーッ(プ)ロー	rûuplɔ̀ɔ
親切な	ใจดี	ジャイディー	jaidii
面白い / 楽しい	สนุก	サヌッ(ク)	sanùk
礼儀正しい	สุภาพ	スパーッ(プ)	sùphâap
乱暴な / 粗野な	หยาบคาย	ヤーッ(プ)カーイ	yàapkhaay
恥ずかしがりやの	น่าอาย	ナーアーイ	nâaʔaay
おしゃべりな	ช่างคุย	チャーン(グ)クイ	châaŋkhuy
おいしい	อร่อย	アロイ	ʔarɔ̀y
辛い	เผ็ด	ペッ(ト)	phèt
塩辛い	เค็ม	ケム	khem
甘い	หวาน	ワーン	wǎan
酸っぱい	เปรี้ยว	プリアオ	prîaw
苦い	ขม	コム	khǒm

日本語	タイ語	発音
好き	ชอบ	chɔ̂ɔp (チョーッ(プ))
愛する	รัก	rák (ラッ(ク))
勇気がある	กล้า	klâa (グラー)
うれしい	ดีใจ	diijai (ディージャイ)
悲しい・残念な	เสียใจ	sǐajai (シアジャイ)
怖い	น่ากลัว	nâaklua (ナー(ク)ルア)
心配な	เป็นห่วง	penhùaŋ (ペンフアン(グ))
驚いた	ตกใจ	tòkjai (トッ(ク)ジャイ)
困った	ลำบาก	lambàak (ラムバー(ク))
白(色)	สีขาว	sǐikhǎaw (シーカーオ)
黒(色)	สีดำ	sǐidam (シーダム)
赤(色)	สีแดง	sǐidɛɛŋ (シーデーン(グ))
青(色)	สีน้ำเงิน	sǐináamŋən (シーナームグン)
緑(色)	สีเขียว	sǐikhǐaw (シーキアオ)
黄(色)	สีเหลือง	sǐilɯ̌aŋ (シールアン(グ))
ピンク(色)	สีชมพู	sǐichomphuu (シーチョムプー)
オレンジ(色)	สีส้ม	sǐisôm (シーソム)
紫(色)	สีม่วง	sǐimûaŋ (シームアン(グ))

4 よく使う基本単語を覚えよう

動詞 — คำกริยา *カムガリヤー* khamkariyaa

日本語	タイ語
食べる	กิน / ทาน ギン/ターン kin / thaan
飲む	ดื่ม ドゥーム dɯ̀ɯm
行く	ไป パイ pai
来る	มา マー maa
帰る	กลับ グラッ(プ) klàp
要る	เอา アオ ʔaw
ある いる(存在) 持つ	มี ミー mii
ある いる(所在) 住む	อยู่ ユー yùu
立つ	ยืน ユーン yɯɯn
座る	นั่ง ナン(グ) nâŋ
起きる	ตื่น トゥーン tɯ̀ɯn
寝る	นอน ノーン nɔɔn
働く	ทำงาน タム(ン)ガーン thamŋaan
休憩する 泊まる	พัก パッ(ク) phák
乗る	ขึ้น クン khɯ̂n
降りる	ลง ロン(グ) loŋ

日本語	タイ語	日本語	タイ語
する / 作る	ทำ タム tham	使う	ใช้ チャイ chái
待つ	รอ ロー rɔɔ	終わる	เสร็จ セッ(ト) sèt
見る	ดู ドゥー duu	聞く	ฟัง ファン(グ) faŋ
話す	พูด プーッ(ト) phûut	歌う	ร้อง(เพลง) ローン(グ)(プレーン(グ)) rɔ́ɔŋ(phleeŋ)
思う	คิด キッ(ト) khít	(人・物を)知っている	รู้จัก ルージャッ(ク) rúujàk
知る	รู้ ルー rúu	わかる / 理解する	เข้าใจ カオジャイ khâwjai
読む	อ่าน アーン ʔàan	書く	เขียน キアン khǐan
歩く	เดิน ドゥーン dəən	走る	วิ่ง ウィン(グ) wîŋ

④ よく使う基本単語を覚えよう

日本語	タイ語	日本語	タイ語
教える	สอน ソーン sɔ̌ɔn	勉強する	เรียน リアン rian
売る	ขาย カーイ khǎay	買う	ซื้อ スー sɯ́ɯ
出る	ออก オーッ(ク) ʔɔ̀ɔk	入る	เข้า カオ khâw
開ける つける	เปิด プーッ(ト) pə̀ət	閉める 消す	ปิด ピッ(ト) pìt
覚える	จำได้ ジャムダーイ jamdâai	忘れる	ลืม ルーム lɯɯm
渡す	ยื่นให้ ユーンハイ yɯ̂ɯnhâi	受けとる もらう	รับ ラッ(プ) ráp
送る	ส่ง ソン(グ) sòŋ	連絡する	ติดต่อ ティットー tìttɔ̀ɔ
会う	พบ ポッ(プ) phóp	止める 止まる	หยุด ユッ(ト) yùt
探す	หา ハー hǎa	助ける	ช่วย チュアイ chûay

5

日常会話で
文法を身につけよう

1 あいさつ

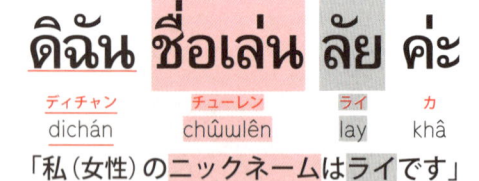

私の名前は田中です

ผม ชื่อ ทานากะ ครับ
ポム　チュー　ターナーカ　クラッ(プ)
phŏm　chɯ̂ɯ　thaanaakà　khráp

「私(男性)の名前は田中です」

คุณ ชื่อ อะไร ⓚ
クン　チュー　アライ　ⓚ
khun　chɯ̂ɯ　ʔàrai　ⓚ

「あなたのお名前は何ですか？」

ดิฉัน ชื่อเล่น ลัย ค่ะ
ディチャン　チューレン　ライ　カ
dichán　chɯ̂ɯlên　lay　khâ

「私(女性)のニックネームはライです」

words

タイ語	発音	意味
ผม	ポム / phŏm	私(男性)
ชื่อ	チュー / chɯ̂ɯ	名前、〜という名前です
คุณ	クン / khun	あなた
อะไร	アライ / ʔàrai	何
ดิฉัน	ディチャン / dichán	私(女性)
ชื่อเล่น	チューレン / chɯ̂ɯlên	ニックネーム

タイ人の名前

　相手に名前をたずねるときには、先に自分の名前を名乗ります。タイ人の本名は生まれた年月日、曜日、時間に基づいて僧侶や占い師などによって命名され、日本とは逆に名前、名字の順番で表します。本名は運がよくなるように美しく難しい言葉の組み合わせでつけられ、長くて呼びにくく覚えにくいため、普段は両親がつけたニックネームで呼び合います。ニックネームの歴史はバンコクの国王4世から始まりました。パーリ語やサンスクリット語で作られた王族の人々の長い名前が呼びにくいため、西洋文化にならってニックネームをつけ始めたのです。

　ニックネームはたいてい1音節で、ソム「みかん」、ノック「鳥」、ダム「黒」のように、果物、植物、動物、鳴き声、色などの人間らしくない名前がつけられます。これは、昔、多くの乳児が死亡したのは悪魔のせいとされ、人間らしい名前で赤ちゃんを呼ぶと、悪魔が赤ちゃんをあの世に連れて行ってしまうと信じる人が多いからです。最近では、本名の最初または最後の音節をニックネームにする人も増えてきました。

　また、日常、ニックネームを使用しているもう1つの理由に、タイでは開運のためにひんぱんに改名するので、本名が覚えられないという事情もあります。日本では考えられませんが、運が悪ければ占い師などにお願いして幸運を呼ぶ名前をつけてもらい改名するのは、タイではごく普通のことです。このように、ニックネームで呼び合うタイ人は、お互いの本名を知らなかったり、忘れてしまうことも多いようです。

人称代名詞

人称代名詞はおもなもののみ紹介します。1人称は男性と女性で異なります。**พวก**[phûak プアッ(ク)]「～たち」は複数を表します。**คุณ**[khun クン]「あなた」は「～さん」の尊称として名前の前にもつけます。**คุณ**[khun クン]「あなた」は正式でよそよそしい感じがするので、呼びかけには、相手が年上なら**พี่**[phîi ピー]（「兄、姉」の意）、年下なら**น้อง**[nɔ́ɔŋ ノーン(グ)]（「弟、妹」の意）を使うと親しみが増すほか、自分自身を「お兄さんは……」などという場合の「私」にもなります。**พี่ๆ**[phîi phîi ピーピー]、**น้องๆ**[nɔ́ɔŋ nɔ́ɔŋ ノーン(グ) ノーン(グ)]と繰り返すと、「あの、すみませんが」という呼びかけになります。

	単数		複数	
1人称	**ผม** ポム phǒm	私（男性）	**พวกผม** プアッ(ク) ポム phûak phǒm	私たち（男性）
			เรา / พวกเรา ラオ / プアッ(ク) ラオ raw / phûak raw	私たち
	ดิฉัน ディチャン dichán	私（女性）	**พวกดิฉัน** プアッ(ク) ディチャン phûak dichán	私たち（女性）
1人称・2人称	**พี่** ピー phîi	お兄さん お姉さん （年上）	**พวกพี่** プアッ(ク) ピー phûak phîi	お兄さんたち お姉さんたち （年上）
	น้อง ノーン(グ) nɔ́ɔŋ	（年下）	**พวกน้อง** プアッ(ク) ノーン(グ) phûak nɔ́ɔŋ	（年下）
2人称	**คุณ** クン khun	あなた	**พวกคุณ** プアッ(ク) クン phûak khun	あなた方
3人称	**เขา** カオ kháw	彼 彼女	**พวกเขา** プアッ(ク) カオ phûak kháw	彼ら 彼女ら

基本文型(1)「主語＋述語(＋補語)」

　基本文型は次の通りで、述語には、形容詞、動詞が入ります。ここでの述語は「〜という名前です」という動詞です。補語は動詞の意味を補う役割をしています。次の文は「私は田中という名前です」が直訳です。主語の「私」は、男性なら **ผม** [phǒm ポム]、女性なら **ดิฉัน** [dichán ディチャン] と変わります。文字通りの発音は **ดิฉัน** [dìchán ディチャン] ですが、日常では **ดิฉัน** [dichán ディチャン] と発音します。

　名前をたずねるときには、主語を **คุณ** [khun クン]「あなた」にして、「名前」には **อะไร** [ʔàrai アライ]「何」を入れます。

> **主語(A)＋述語(B)(＋補語)**　　AはBです。

例　**ผม**　　　**ชื่อ**　　　**ทานากะ** ➡ 私の名前は田中です。
　　ポム　　　チュー　　　ターナーカ
　　phǒm　　 chûɯ　　　 thaanaakà
　　私(男性)　〜という名前です　田中

　　คุณ　　　**ชื่อ**　　　**อะไร** ➡ あなたのお名前は何ですか？
　　クン　　　チュー　　　アライ
　　khun　　　chûɯ　　　 ʔàrai
　　あなた　〜という名前です　何

丁寧語「～でございます」「～です」「～ます」

文末につける丁寧語「～でございます」「～です」「～ます」は基本表現（P32）で学びましたが、ここでもう一度おさらいしましょう。本書では、便宜上、各文の文末に Ⓚ Ⓚ Ⓚ と入れますので、Ⓚ Ⓚ Ⓚ との部分には話し手が男性なら **ครับ** [khráp クラッ(プ)]、女性なら、「平叙文」は下声の **ค่ะ** [khâ カ]、「疑問文、呼びかけ」は高声の **คะ** [khá カ] を入れて発音してください。

話し手	平叙文、「はい」「ええ」	疑問文、呼びかけ
男性	**ครับ** クラッ(プ) khráp 高声	
女性	**ค่ะ** カ khâ 下声	**คะ** カ khá 高声

話してみよう 〔CD 22〕

ผม ชื่อ เคนจิ ครับ
ポム　チュー　ケンジ　クラッ(プ)
phǒm　chɯ̂ɯ　khenjì　khráp

「私(男性)の名前は健二です」

คุณ ชื่อ อะไร ครับ
クン　チュー　アライ　クラッ(プ)
khun　chɯ̂ɯ　ʔàrai　khráp

「あなたのお名前は何ですか？」

ดิฉัน ชื่อ มาลัย ค่ะ
ディチャン　チュー　マーライ　カ
dichán　chɯ̂ɯ　maalay　khâ

「私(女性)の名前はマーライです」

ผม ชื่อเล่น เคน ครับ
ポム　チューレン　ケン　クラッ(プ)
phǒm　chɯ̂ɯlên　khen　khráp

「私(男性)のニックネームはケンです」

私は日本人です

ผมเป็น<u>คน</u>ญี่ปุ่นครับ

ポム　ペン　コン　イープン　クラッ(プ)
phǒm　pen　khon　yîipùn　khráp

「私(男性)は日本人です」

ดิฉันเป็นพนักงานบริษัทค่ะ

ディチャン　ペン　パナッガーン　ボーリサッ(ト)　カ
dichán　pen　phanákŋaan　bɔɔrisàt　khâ

「私(女性)は会社員です」

words

ผม	phǒm	私(男性)
เป็น	pen	〜である
คน	khon	人
ญี่ปุ่น	yîipùn	日本
ดิฉัน	dichán	私(女性)
พนักงานบริษัท	phanákŋaan bɔɔrisàt	会社員

修飾語と被修飾語

日本語と逆で、後ろから前に限定します。

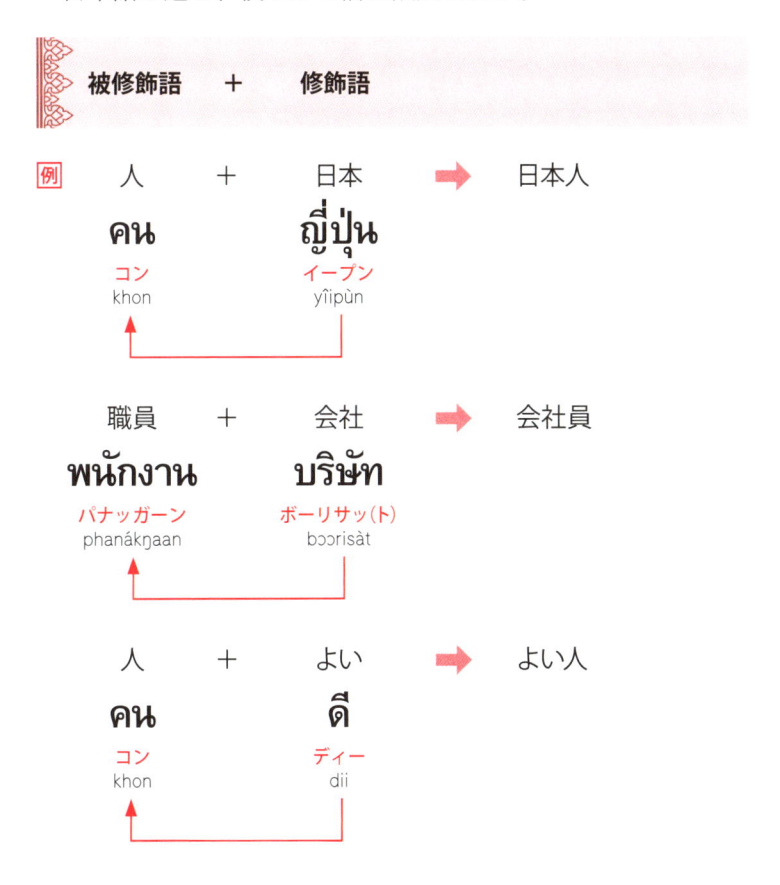

被修飾語	+	修飾語

例

人 + 日本 ➡ 日本人

คน **ญี่ปุ่น**
コン　　イープン
khon　　yîipùn

職員 + 会社 ➡ 会社員

พนักงาน **บริษัท**
パナッガーン　　ボーリサッ(ト)
phanákŋaan　　bɔɔrisàt

人 + よい ➡ よい人

คน **ดี**
コン　　ディー
khon　　dii

基本文型（2）「A は B（名詞）です」

「AはB（名詞）です」は、「主語（A）＋**เป็น**＋名詞（B）」で表します。**เป็น**［pen ペン］は「～である」という動詞で属性を表します。名詞には国籍、職業、立場、性質、状態、病名がきます。国籍をたずねるときには、国名に**อะไร**［ʔàrai アライ］「何」を入れて「何人ですか？」、職業をたずねるときには、述語に**ทำงานอะไร**［tham ŋaan ʔàrai タム ガーン アライ］「何の仕事をしている」を入れます。

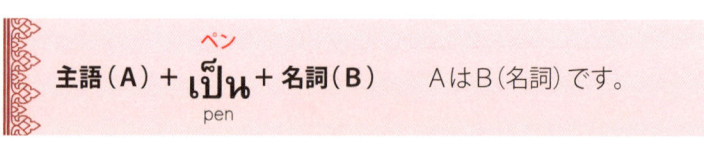

主語（A）＋ **เป็น**（ペン / pen）＋名詞（B）　　AはB（名詞）です。

例 **(คุณ) เป็น คน อะไร** ⓐ　→　どちらの国の方ですか？（あなたは）何人ですか？

（クン）　ペン　コン　アライ　Ⓚ
(khun)　pen　khon　ʔàrai　Ⓚ
（あなた）　～である　人　何　～です

ดิฉัน เป็น คน ไทย ค่ะ　→　私（女性）はタイ人です。

ディチャン　ペン　コン　タイ　カ
dichán　pen　khon　thai　khâ
私（女性）　～である　人　タイ　～です

เขา เป็น คน สุภาพ ⓐ　→　彼/彼女は礼儀正しい人です。

カオ　ペン　コン　スパーッ(プ)　Ⓚ
kháw　pen　khon　sùphâap　Ⓚ
彼/彼女　～である　人　礼儀正しい　～です

(คุณ) ทำ งาน อะไร ⓐ ➡ （あなたは）何のお仕事を
(クン)　タム　(ン)ガーン　アライ　Ⓚ　　　　　　　　していますか？
(khun)　tham　ŋaan　ʔàrai　Ⓚ
（あなた）　する　仕事　　何　〜です

ดิฉัน เป็น ข้าราชการ ค่ะ ➡ 私（女性）は公務員です。
ディチャン　ペン　カーラーッ(ト)チャガーン　カ
dichán　pen　khâarâatchakaan　khâ
私（女性）　〜である　　公務員　　　〜です

ผม เป็น นักศึกษา ครับ ➡ 私（男性）は大学生です。
ポム　ペン　ナッ(ク)スッ(ク)サー　クラッ(プ)
phǒm　pen　náksɯ̀ksǎa　khráp
私（男性）　〜である　大学生　　〜です

話してみよう CD 24

คุณเป็นคนอะไร ค
クン ペン コン アライ Ⓚ
khun pen khon ʔàrai Ⓚ

「あなたはどちらの国の方ですか？」

ดิฉันเป็นคนจีน ค
ディチャン ペン コン ジーン Ⓚ
dichán pen khon jiin Ⓚ

「私（女性）は中国人です」

คุณทำงานอะไร ค
クン タム ガーン アライ Ⓚ
khun tham ŋaan ʔàrai Ⓚ

「何のお仕事をしていますか？」

ดิฉันเป็นแม่บ้าน ค
ディチャン ペン メーバーン Ⓚ
dichán pen mɛ̂ɛbâan Ⓚ

「私（女性）は主婦です」

はじめまして

ยินดีที่ได้รู้จัก Ⓚ

インディー　ティー　ダーイ　ルージャッ(ク)　Ⓚ
yindii　thîi dâai　rúujàk　Ⓚ

「はじめまして」

เช่นกัน Ⓚ

チェンガン　　　　Ⓚ
chênkan　　　　Ⓚ

「こちらこそ」

<u>ผม</u>ก็ยินดีที่ได้รู้จักครับ

<u>ポム</u>　ゴー　インディー　ティー　ダーイ　ルージャッ(ク)　クラッ(プ)
<u>phǒm</u> kɔ̂ɔ yindii　thîi dâai rúujàk khráp

「<u>こちら(男性)</u>こそ、はじめまして」

<u>ดิฉัน</u>ก็ยินดีที่ได้รู้จักค่ะ

<u>ディチャン</u>　ゴー　インディー　ティー　ダーイ　ルージャッ(ク)　カ
<u>dichán</u> kɔ̂ɔ yindii　thîi dâai rúujàk khâ

「<u>こちら(女性)</u>こそ、はじめまして」

words						
ยินดี	インディー yindii	喜ぶ	รู้จัก	ルージャッ(ク) rúujàk	知り合う
ที่	ティー thîi	～のところの（関係代名詞）	เช่นกัน	チェンガン chênkan	同感です
ได้	ダーイ dâai	機会を得た、～できる	ก็	ゴー kɔ̂ɔ	～も、～もまた

初対面のあいさつ

「お会いできてうれしい」という意味の初対面の人に使うあいさつです。日本語では「はじめまして、よろしくお願いします」にあたります。

返答は単に「こちらこそ（同感です）」でもよいですし、「はじめまして」の前に「私も」という意味の **ผมก็** [phǒm kɔ̂ɔ ポム ゴー]（男性）や **ดิฉันก็** [dichán kɔ̂ɔ ディチャン ゴー]（女性）を入れて、「こちらこそ、はじめまして」と答えてもかまいません。

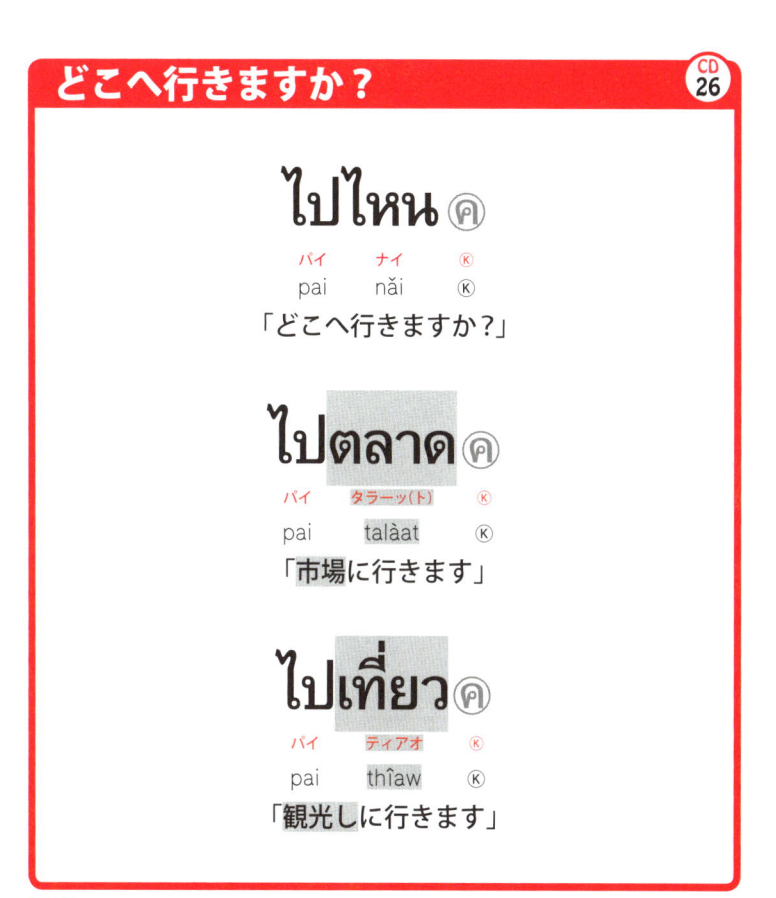

どこへ行きますか？

ไปไหน
バイ　ナイ
pai　nǎi
「どこへ行きますか？」

ไปตลาด
バイ　タラーッ(ト)
pai　talàat
「市場に行きます」

ไปเที่ยว
バイ　ティアオ
pai　thîaw
「観光しに行きます」

words					
ไป	パイ pai	行く	ตลาด	タラーッ(ト) talàat	市場
ไหน	ナイ nǎi	どこ	เที่ยว	ティアオ thîaw	観光する

知り合いに会ったときのあいさつ(1)

基本表現（P34〜35）で紹介した**สวัสดี**［sawàtdii サワッディー］「こんにちは」や**สบายดีไหม**［sabaaydii mái サバーイディー マイ］「お元気ですか？」は初対面の人にも使われるあいさつです。一方、**ไปไหน**［pai nǎi パイ ナイ］「どこへ行きますか？」は外出時に偶然に出会った知り合いに対して使われるタイの伝統的なあいさつで、ホテルのスタッフがこれから出かけるお客様に対してもよく使います。

単なる日常の気軽なあいさつですので、返答は具体的な場所（名詞）や行動（動詞）でなくてもかまいません。**เปล่า**［plàaw プラーオ］は「空いている」という意味ですが、「とくに何もない」「いいえ、別に」という意味での返答にも使います。

「入れ替え単語」がわからないときは？

本書の会話の ⬜⬜ の単語を入れ替えると、会話の幅がさらに広がります。本書にない単語は英語や日本語のわかるタイ人にたずねるとよいでしょう。次の文の ⬜ に英語や日本語の単語を入れてたずねましょう。

"hotel" ภาษาไทย พูด ว่า อะไร ⓚ
ホテル　　パーサー タイ　プーッ(ト)　ワー　アライ　ⓚ
hotel　　phaasǎa thai　phûut　wâa　ʔàrai　ⓚ

➡ 「ホテル」はタイ語で何と言いますか？

話してみよう CD 28

ไปไหน ค
パイ ナイ Ⓚ
pai năi Ⓚ
「どこへ行きますか?」

ไปบริษัท ค
パイ ボーリサッ(ト) Ⓚ
pai bɔɔrisàt Ⓚ
「会社に行きます」

ไปทานข้าว ค
パイ ターン カーオ Ⓚ
pai thaan khâaw Ⓚ
「ご飯を食べに行きます」

เปล่า ค
プラーオ Ⓚ
plàaw Ⓚ
「いいえ、別に」

5 日常会話で文法を身につけよう

どこに行ってきましたか？

ไปไหนมา ค

パイ　ナイ　マー　Ⓚ
pai　nǎi　maa　Ⓚ

「どこに行ってきましたか？」

ไปโรงเรียนมา ค

パイ　ローン(グ)リアン　マー　Ⓚ
pai　rooŋrian　maa　Ⓚ

「学校に行ってきました」

ไปซื้อของที่ตลาดมา ค

パイ　スー　コーン(グ)　ティー　タラーッ(ト)　マー　Ⓚ
pai　sɯ́ɯ　khɔ̌ɔŋ　thîi　talàat　maa　Ⓚ

「市場へ買い物に行ってきました」

words

มา	マー　maa	来る
โรงเรียน	ローン(グ)リアン　rooŋrian	学校
ซื้อของ	スー コーン(グ)　sɯ́ɯ khɔ̌ɔŋ	買い物をする
ที่	ティー　thîi	〜へ、〜で、〜に
ตลาด	タラーッ(ト)　talàat	市場

🏵 知り合いに会ったときのあいさつ(2)

「どこに行きますか？」が出かける人に対して使われるのに対し、「どこに行ってきましたか？」は外出先から帰ってきた人に対して使われるあいさつです。このあいさつの返答も、「どこに行きますか？」と同様に、**ไปธุระมา** [pai thúrá maa パイ トゥラ マー]「用事をしに行ってきました」というふうに具体的な場所（名詞）や行動（動詞）でなくてもかまいません。

🏵 基本文型(3)「主語 + 動詞(＋補語)＋動詞」

日本語も「行ってきました」「買い物に行ってきました」のように動詞を重ねますが、タイ語にも同じような言い方があります。ただし、動詞の順番は日本語と異なり、先に発生する動作を先に置きます。場所は動詞の後に置き、場所の前には前置詞 **ที่** [thîi ティー]「〜で、〜に」をつけます。**ที่** [thîi ティー]を省略できるのは、**ไป** [pai パイ]「行く」、**มา** [maa マー]「来る」、**อยู่** [yùu ユー]「ある、いる」、**กลับ** [klàp クラッ（プ）]「帰る」の4つの動詞の後のみです。主語が明らかな場合、主語はよく省略されます。

> （主語）＋動詞1＋補語＋動詞2

例 **(ผม) ไป โรงเรียน มา** ⓐ ➡ 私は学校に行ってきました。
(ポム)　パイ　ローン（グ）リアン　マー　Ⓚ
(phǒm)　pai　rooŋrian　maa　Ⓚ
(私(男性))　行く　学校　来る

（主語）＋動詞1＋動詞2＋動詞3

例 **(ดิฉัน) ไป ซื้อ ของ มา** ⓐ ➡ 私は買い物に行ってきました。

（ディチャン） パイ スー コーン(グ) マー Ⓚ
(dichán) pai sɯ́ɯ khɔ̌ɔŋ maa Ⓚ
（私（女性）） 行く 買い物する 来る

動詞1＋動詞2＋動詞3

例 **ไป ทำ งาน มา** ⓐ ➡ 仕事に行ってきました。

パイ タム (ン)ガーン マー Ⓚ
pai tham ŋaan maa Ⓚ
行く 仕事をする 来る

動詞1＋動詞2＋前置詞＋補語＋動詞3

例 **ไป เที่ยว ที่ เมืองไทย มา** ⓐ ➡ タイ国へ観光しに行ってきました。

パイ ティアオ ティー ムアン(グ) タイ マー Ⓚ
pai thîaw thîi mɯaŋ thai maa Ⓚ
行く 観光する 〜へ タイ国 来る

注 **เมือง** [mɯaŋ ムアン(グ)]は「国、町」という意味です。「タイ」は、通常、**เมืองไทย**[mɯaŋ thai ムアン(グ) タイ]「タイ国」と言います。

話してみよう

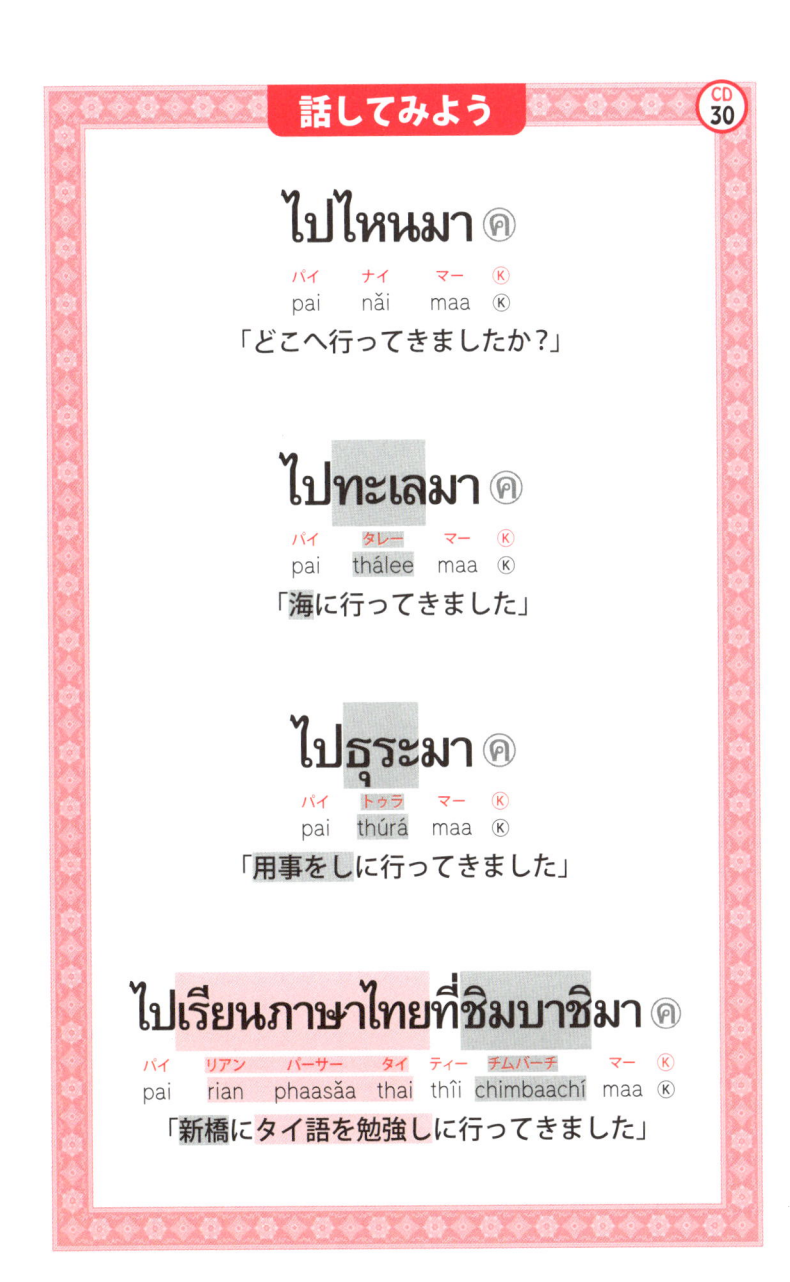

ไปไหนมา ⓐ
パイ　ナイ　マー　Ⓚ
pai　nǎi　maa　Ⓚ

「どこへ行ってきましたか?」

ไปทะเลมา ⓐ
パイ　タレー　マー　Ⓚ
pai　thálee　maa　Ⓚ

「海に行ってきました」

ไปธุระมา ⓐ
パイ　トゥラ　マー　Ⓚ
pai　thúrá　maa　Ⓚ

「用事をしに行ってきました」

ไปเรียนภาษาไทยที่ชิมบาชิมา ⓐ
パイ　リアン　パーサー　タイ　ティー　チムバーチ　マー　Ⓚ
pai　rian　phaasǎa　thai　thîi　chimbaachi　maa　Ⓚ

「新橋にタイ語を勉強しに行ってきました」

実力アップ ① 練習問題に挑戦！

次の文をタイ語にしてみましょう。

1 あなたのお名前は何ですか？

2 私(女性)の名前は鈴木です。

3 (あなたは)どちらの国の方ですか？

4 私(女性)は日本人です。

5 何のお仕事をしていますか？

6 私(女性)は大学生です。

7 どこへ行ってきましたか？

8 新宿へ仕事に行ってきました。

解答

1 คุณชื่ออะไร ⓒ
クン チュー アライ ⓚ
khun chɯ̂ɯ ʔàrai ⓚ

2 ดิฉันชื่อซูซูกิ ⓒ
ディチャン チュー スースーキ ⓚ
dichán chɯ̂ɯ suusuukì ⓚ

3 (คุณ) เป็นคนอะไร ⓒ
(クン) ペン コン アライ ⓚ
(khun) pen khon ʔàrai ⓚ

4 ดิฉันเป็นคนญี่ปุ่น ⓒ
ディチャン ペン コン イープン ⓚ
dichán pen khon yîipùn ⓚ

5 คุณทำงานอะไร ⓒ
クン タム (ン)ガーン アライ ⓚ
khun tham ŋaan ʔàrai ⓚ

6 ดิฉันเป็นนักศึกษา ⓒ
ディチャン ペン ナッ(ク)スッ(ク)サー ⓚ
dichán pen náksɯ̀ksǎa ⓚ

7 ไปไหนมา ⓒ
パイ ナイ マー ⓚ
pai nǎi maa ⓚ

8 ไปทำงานที่ชินจูกุมา ⓒ
パイ タム (ン)ガーン ティー チンジューク マー ⓚ
pai tham ŋaan thîi chinjuukù maa ⓚ

2 場所をたずねる

どちらにお住まいですか？

คุณอยู่ที่ไหน ค
ク ン　　ユー　　ティーナイ　Ⓚ
khun　yùu　thîinǎi　Ⓚ

1.「どちらにお住まいですか？」
2.「あなたはどこにいますか？」

ผมอยู่ที่โตเกียว ค
ポ ム　　ユー　ティー　トーキアオ　Ⓚ
phǒm　yùu　thîi　tookiaw　Ⓚ

1.「私(男性)は東京に住んでいます」
2.「私(男性)は東京にいます」

บริษัท คุณอยู่ที่ไหน ค
ボーリサッ(ト)　クン　　ユー　　ティーナイ　Ⓚ
bɔɔrisàt　khun　yùu　thîinǎi　Ⓚ

「あなたの会社はどこにありますか？」

บริษัทผมอยู่ที่กรุงเทพฯ ค
ボーリサッ(ト)　ポム　ユー ティー　グルン(グ)テー(プ)　Ⓚ
bɔɔrisàt　phǒm　yùu　thîi　kruŋthêep　Ⓚ

「私(男性)の会社はバンコクにあります」

words					
อยู่	ユー yùu	住む、ある、いる	โตเกียว	トーキアオ tookiaw	東京
ที่ไหน	ティーナイ thîinǎi	どこ	บริษัท	ボーリサッ(ト) bɔɔrisàt	会社
ที่	ティー thîi	場所、〜に、〜で	กรุงเทพฯ	グルン(グ)テープ(プ) kruŋthêep	バンコク

注 バンコクは外国人が昔から呼んでいる古い地名です。タイ人は西暦1782年にアユタヤからバンコクへ遷都した際に改名したバンコクの長い正式名称の最初の部分をとってクルンテープと呼びます。

所在の動詞 อยู่ [yùu ユー]「ある、いる、住む」

所在の動詞は **อยู่** [yùu ユー]「ある、いる」で、「人、物、場所」に使いますが、「住む」という意味もあります。会話では前置詞 **ที่** [thîi ティー]「〜で、〜に」は省略できます。「物」の例文はP126〜128を参照してください。

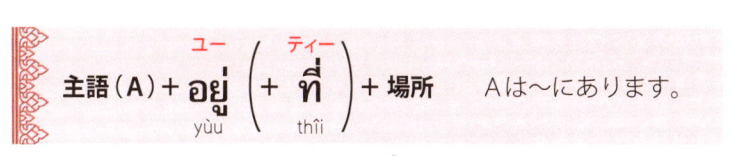

主語（A）+ **อยู่** [yùu ユー] （+ **ที่** [thîi ティー]）+ 場所　　Aは〜にあります。

例 คุณ　　สมชาย　　อยู่　(ที่)　บริษัท
クン　　ソムチャーイ　ユー　(ティー)　ボーリサッ(ト)
khun　　sǒmchaay　　yùu　(thîi)　bɔɔrisàt
〜さん　ソムチャイ(主語A)　います　(〜に)　会社(場所)

➡ ソムチャイさんは会社にいます。

บ้าน	ผม	อยู่	(ที่)	ถนน	สุขุมวิท	ⓐ
バーン	ポム	ユー	(ティー)	タノン	スクムウィッ(ト)	ⓚ
bâan	phŏm	yùu	(thîi)	thanŏn	sùkhŭmwít	ⓚ
家	私(男性)(主語A)	ある	(〜に)	通り	スクムビット(場所)	

➡ 私(男性)の家はスクムビット通りにあります。

✤ 疑問詞「どこ」

疑問詞「どこ」は **ที่ไหน** [thîinăi ティーナイ] です。**อยู่** [yùu ユー]「ある、いる、住んでいる」と共に用いれば、**ที่** [thîi ティー]「場所」を省略しても「どこ」の意味になります。場所を表す「ここ、そこ、あそこ」はP126を参照してください。

主語(A) + **อยู่** (+ **ที่**) + **ไหน**
　　　　　　yùu　　　thîi　　　năi
　　　　　ユー　　ティー　　ナイ

Aはどこにありますか?
Aはどこにいますか?

例 คุณ	มาลัย	อยู่	(ที่)	ไหน	ⓐ
クン	マーライ	ユー	(ティー)	ナイ	ⓚ
khun	maalay	yùu	(thîi)	năi	ⓚ
〜さん	マーライ(主語A)	います	(〜に)	どこ(疑問詞)	

➡ マーライさんはどこにいますか?
➡ マーライさんはどちらにお住まいですか?

คุณ	มาลัย	อยู่	(ที่)	บ้าน	ⓐ
クン	マーライ	ユー	(ティー)	バーン	ⓚ
khun	maalay	yùu	(thîi)	bâan	ⓚ
〜さん	マーライ(主語A)	います	(〜に)	家	

➡ マーライさんは家にいます。

スダーさんはそこにいます

คุณสุดา อยู่ ไหม ⓐ
khun sùdaa yùu mái Ⓚ
「スダーさんはいますか？」

อยู่ ⓐ / **ตอนนี้ไม่อยู่** ⓐ
yùu Ⓚ / tɔɔnníi mâi yùu Ⓚ
「います」 / 「今、いません」

ตอนนี้ คุณสุดา อยู่ ที่ไหน ⓐ
tɔɔnníi khun sùdaa yùu thîinǎi Ⓚ
「今、スダーさんはどこにいますか？」

คุณสุดา อยู่ ที่นั่น ⓐ
khun sùdaa yùu thîinân Ⓚ
「スダーさんはそこにいます」

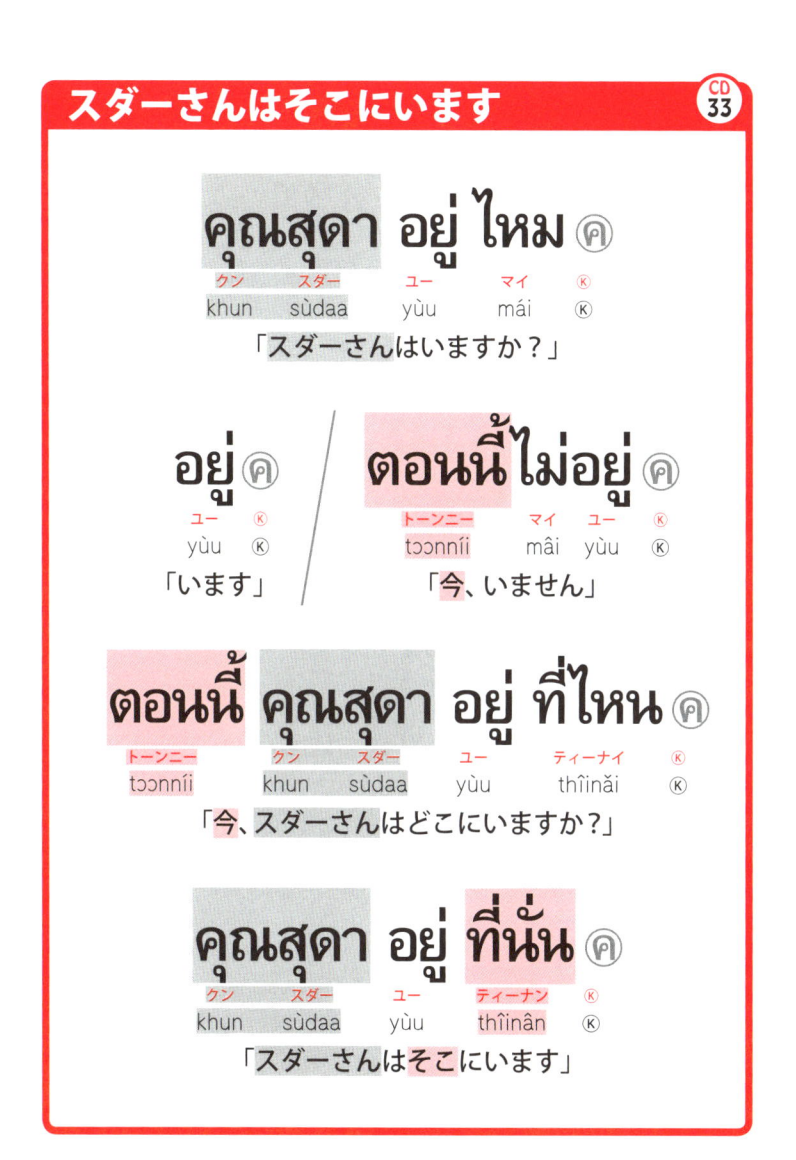

words						
อยู่	ユー yùu	いる、ある	ไม่	マイ mâi	〜ない	
ไหม	マイ mái	〜ですか？	คุณสุดา	クンスダー khun sùdaa	スダーさん（女性）	
ตอนนี้	トーンニー tɔɔnníi	今	ที่นั่น	ティーナン thîinân	そこ	

疑問助詞 ไหม [mái マイ]「〜ですか？」

疑問文を作る疑問助詞はP26〜30でも説明しました。平叙文の文末に疑問助詞 ไหม [mái マイ]「〜ですか？」を置きますが、否定文、述語が名詞の肯定文には使いません。

主語（形容詞/動詞）+ ไหม (マイ / mái)　〜ですか？

例 คุณ มาลัย อยู่ (ที่) บ้าน ไหม ⓚ

クン　マーライ　ユー　(ティー)　バーン　マイ　Ⓚ
khun　maalay　yùu　(thîi)　bâan　mái　Ⓚ
〜さん　マーライ　います　(〜に)　家　〜ですか？

➡ マーライさんは家にいますか？

否定語 ไม่ [mâi マイ]「～ない」

動詞や形容詞の否定語は動詞や形容詞の前に置きます。P23も併せて参照してください。

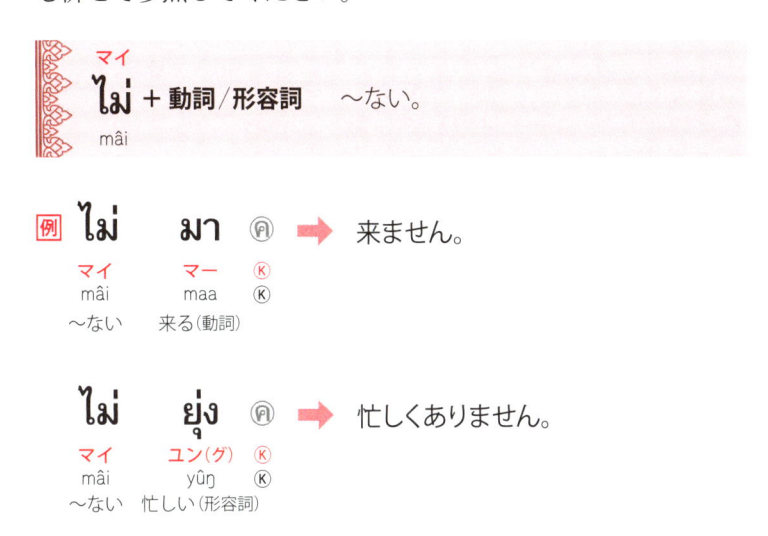

> マイ
> ไม่ + 動詞/形容詞　～ない。
> mâi

例 ไม่　　มา 🛆 ➡ 来ません。
　　マイ　　マー Ⓚ
　　mâi　　maa Ⓚ
　　～ない　来る(動詞)

　　ไม่　　ยุ่ง 🛆 ➡ 忙しくありません。
　　マイ　　ユン(グ) Ⓚ
　　mâi　　yûŋ Ⓚ
　　～ない　忙しい(形容詞)

指示詞「これ、それ、あれ」

指示詞「これ、それ、あれ」は、人に用いると「こちら、そちら、あちら」となります。指示詞の前に **พวก** [phûak プアッ(ク)] を入れると複数になり、**ที่** [thîi ティー]「場所」を入れると、「ここ、そこ、あそこ」になります。「これ」は下声、「この」は高声で、声調が違うことに注意しましょう。

	こ		そ		あ	
単数	นี่ ニー nîi	これ	นั่น ナン nân	それ	โน่น ノーン nôon	あれ
単数	นี้ ニー níi	この	นั้น ナン nán	その	โน้น ノーン nóon	あの
複数	พวกนี้ プアッ(ク)ニー phûakníi	これら	พวกนั้น プアッ(ク)ナン phûaknán	それら	พวกโน้น プアッ(ク)ノーン phûaknóon	あれら
場所	ที่นี่ ティーニー thîinîi	ここ	ที่นั่น ティーナン thîinân	そこ	ที่โน่น ティーノーン thîinôon	あそこ

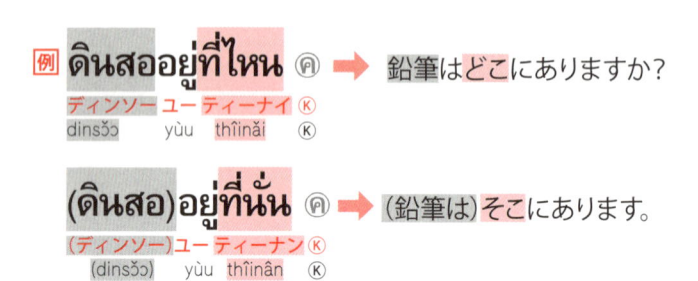

例 **ดินสออยู่ที่ไหน** ⓐ ➡ 鉛筆はどこにありますか？
ディンソー ユー ティーナイ Ⓚ
dinsɔ̌ɔ yùu thîinǎi Ⓚ

(ดินสอ)อยู่ที่นั่น ⓐ ➡ （鉛筆は）そこにあります。
(ディンソー) ユー ティーナン Ⓚ
(dinsɔ̌ɔ) yùu thîinân Ⓚ

話してみよう 🎧CD34

ห้องน้ำอยู่ที่ไหน ค
ホン(グ)ナーム　ユー　ティーナイ　K
hɔ̂ŋnáam　yùu　thîinǎi　K

「トイレはどこにありますか？」

ห้องน้ำอยู่ที่โน่น ค
ホン(グ)ナーム　ユー　ティーノーン　K
hɔ̂ŋnáam　yùu　thîinôon　K

「トイレはあそこにあります」

บ้าน คุณอยู่ที่ไหน ค
バーン　クン　ユー　ティーナイ　K
bâan　khun　yùu　thîinǎi　K

「あなたの家はどこにありますか？」

บ้านดิฉันอยู่ที่โยโกฮาม่า ค
バーン　ディチャン　ユー　ティー　ヨーコーハーマー　K
bâan　dichán　yùu　thîi　yookoohaamâa　K

「私(女性)の家は横浜にあります」

กระเป๋าผมอยู่ที่ไหน ㋓

クラッパオ　ポム　ユー　ティーナイ　Ⓚ
kràpǎw　phǒm　yùu　thîinǎi　Ⓚ

「私（男性）のかばんはどこにありますか？」

กระเป๋า พวกนั้นอยู่ที่นี่ ㋓

クラッパオ　プアッ(ク)ナン　ユー　ティーニー　Ⓚ
kràpǎw　phûaknán　yùu　thîinîi　Ⓚ

「それらのかばんはここにあります」

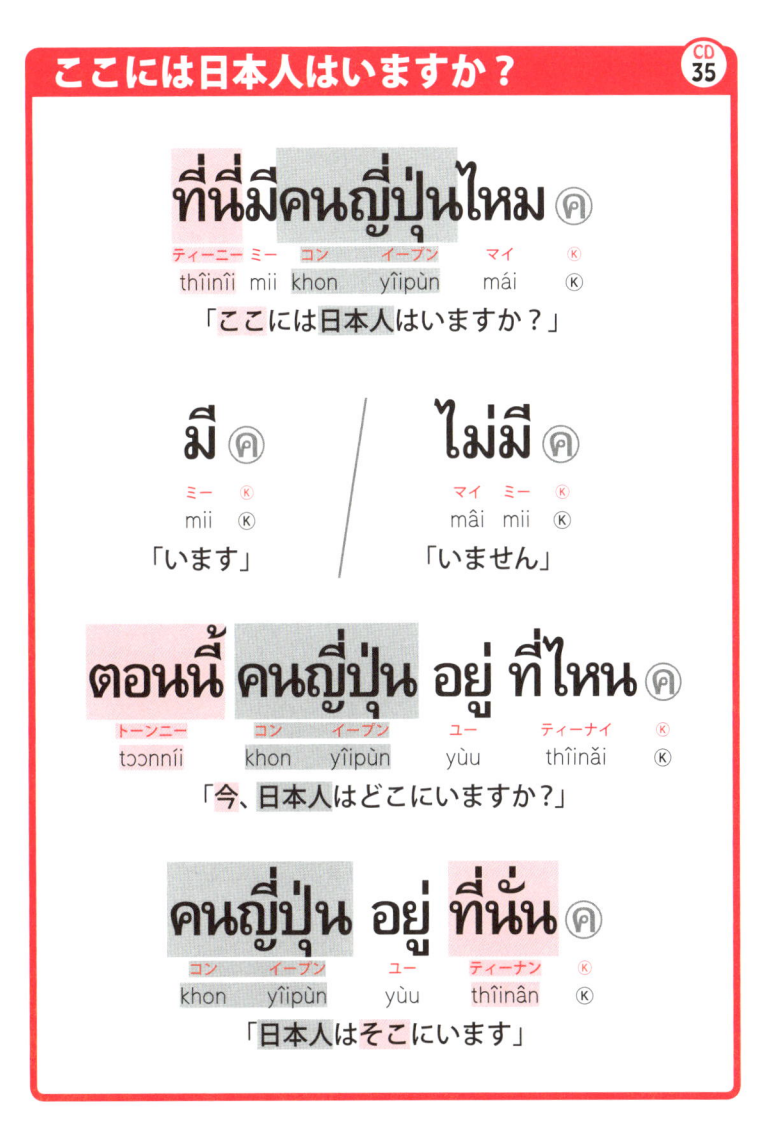

ここには日本人はいますか？

ที่นี่มีคนญี่ปุ่นไหม ⓒ
ティーニー ミー コン イープン マイ ⓚ
thîinîi mii khon yîipùn mái ⓚ

「ここには日本人はいますか？」

มี ⓒ / ไม่มี ⓒ
ミー ⓚ　　　マイ ミー ⓚ
mii ⓚ　　　mâi mii ⓚ
「います」　　「いません」

ตอนนี้ คนญี่ปุ่น อยู่ ที่ไหน ⓒ
トーンニー コン イープン ユー ティーナイ ⓚ
tɔɔnníi khon yîipùn yùu thîinǎi ⓚ

「今、日本人はどこにいますか？」

คนญี่ปุ่น อยู่ ที่นั่น ⓒ
コン イープン ユー ティーナン ⓚ
khon yîipùn yùu thîinân ⓚ

「日本人はそこにいます」

words					
มี	ミー mii	ある、いる	ตอนนี้	トーンニー tɔɔnníi	今
ไม่	マイ mâi	〜ない	ที่นั่น	ティーナン thîinân	そこ

存在・所有の動詞（1） มี [mii ミー]「ある、いる」

มี [mii ミー] は存在「ある、いる」、所有「持っている」の2つの意味を持つ動詞です。日本語の「ある、いる」は、タイ語では「所在」と「存在」の2つの動詞を使い分けるため、注意してください。

先に紹介した人、物、場所の所在を表す「**所在の動詞**」อยู่ [yùu ユー]「**ある、いる」を用いる場合は、人、物、場所が存在していることが前提条件**となります。 一方、人と物、場所の存在を表す「**存在の動詞**」มี [mii ミー] **は、人、物、場所そのものが存在しているかどうかわからない場合**に用います。

ある場所（ここ）に日本人が存在するかどうかわからない場合、มี [mii ミー] を用いて「ここには日本人はいますか？」とまず聞きます。存在していたら、その日本人の所在を聞くにはอยู่ [yùu ユー] を用います。

電話や訪問などで、「スダーさんはいますか？」(P123)と聞く場合は「スダーさんがいる」前提なので、**อยู่** [yùu ユー] でたずねて、**อยู่** [yùu ユー] で答えます。しかし、「スダーという名前の人はいません（スダーという名前の人はここには存在しません）」と答える場合は、**มี** [mii ミー] を用いて、次のように答えます。

例 **คุณ สุดา อยู่ ไหม** ⓐ　➡ スダーさんはいますか？
　クン　スダー　ユー　マイ　Ⓚ
　khun　sùdaa　yùu　mái　Ⓚ
　〜さん　スダー　いる　〜か？

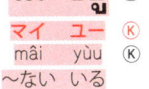

➡ **ตอนนี้ ไม่ อยู่** ⓐ　➡ 今、いません。
　トーンニー　マイ　ユー　Ⓚ　　　　（所在の **อยู่** [yùu ユー]）
　tɔɔnníi　mâi　yùu　Ⓚ
　今　〜ない　いる

➡ **ไม่ มี คน ชื่อ สุดา** ⓐ　➡ スダーという名前の人はいません。
　マイ　ミー　コン　チュウ　スダー　Ⓚ
　mâi　mii　khon　chɯ̂ɯ　sùdaa　Ⓚ　（存在の **มี** [mii ミー]）
　〜ない　いる　人　名前　スダー

このあたりには日本料理店はありますか？ CD36

แถวนี้มีร้านอาหารญี่ปุ่นไหม Ⓚ

テーオ　ニー　ミー　ラーン　アーハン　イープン　マイ Ⓚ
thěεw níi mii ráan ʔaahǎan yîipùn mái Ⓚ

「このあたりには日本料理店はありますか？」

มี Ⓚ

ミー Ⓚ
mii Ⓚ

「あります」

อยู่ที่ชั้น 6 ห้างฯ MBK Ⓚ

ユー　ティー　チャン　ホッ(ク)　ハーン(グ) エム ビー ゲー Ⓚ
yùu thîi chán hòk hâaŋ ʔem bii khee Ⓚ

「MBK（マーブン・クローン・センター）の6階にあります」

แถวนี้ไม่มี Ⓚ

テーオ　ニー　マイ ミー Ⓚ
thěεw níi mâi mii Ⓚ

「このあたりにはありません」

words						
แถวนี้	テーオ ニー thɛ̌ɛw níi	このあたり	**6**	ホッ(ク) hòk	6
ร้านอาหาร	ラーン アーハン ráan ʔaahǎan	料理店	ห้างฯ	ハーン(グ) hâaŋ	デパート、ショッピングセンター
ญี่ปุ่น	イープン yîipùn	日本	MBK	エムビーケー ʔem bii khee	MBK
ชั้น	チャン chán	階			

注) MBKは「マーブン・クローン・センター」の略で、バンコクにあるショッピングセンターの名前です。

🌸 存在・所有の動詞(2) มี [mii ミー]「ある、いる」

場所が主体で、そこに人や物が存在するかを表した文ですが、場所が明らかな場合は、場所を省略できます。

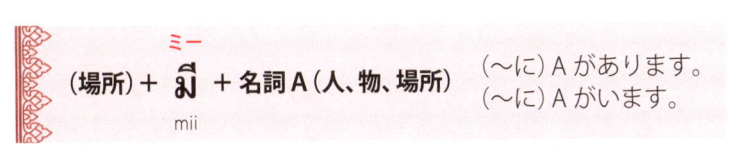

> (場所) + **มี** (ミー / mii) + 名詞A (人、物、場所)　(〜に) A があります。
> (〜に) A がいます。

例 (ที่) สีลม มี ห้าง (สรรพสินค้า) ไหม ⓀQ

(ティー) シーロム ミー ハーン(グ) (サパシンカー) マイ Ⓚ
(thîi) sǐilom mii hâaŋ (sàpphasǐnkháa) mái Ⓚ
(ティー) シーロム ある　　　デパート　　　　　〜ですか?

➡ シーロムにデパートはありますか?

注) **ห้าง สรรพสินค้า** [hâaŋ sàpphasǐnkháa ハーン(グ) サパシンカー)]「デパート、ショッピングセンター」は、会話では **ห้างฯ** [hâaŋ ハーン(グ)] と省略して言います。

บริษัท นี้ มี คน ไทย ไหม ⓀQ

ボーリサッ(ト) ニー ミー コン タイ マイ Ⓚ
bɔɔrisàt níi mii khon thai mái Ⓚ
会社　　　この いる 人　　タイ 〜ですか?

➡ この会社にタイ人はいますか?

(ร้าน นี้) มี เบียร์ ไหม ⓒ

(ラーン ニー) ミー ビア マイ Ⓚ
(ráan níi) mii bia mái Ⓚ
店　　この　ある　ビール　～ですか？

➡ (この店には)ビールはありますか(置いていますか)？

話してみよう

แถวนี้มีธนาคารไหม ⓐ
thɛ̌ɛw níi mii thanaakhaan mái Ⓚ
「このあたりに銀行はありますか?」

มีหนังสือพิมพ์ภาษาญี่ปุ่นไหม ⓐ
mii nǎŋsɯ̌ɯphim phaasǎa yîipùn mái Ⓚ
「日本語の新聞はありますか?」

มีปากกาไหม ⓐ
mii pàakkaa mái Ⓚ
「(この店に)ペンはありますか(置いていますか)?」

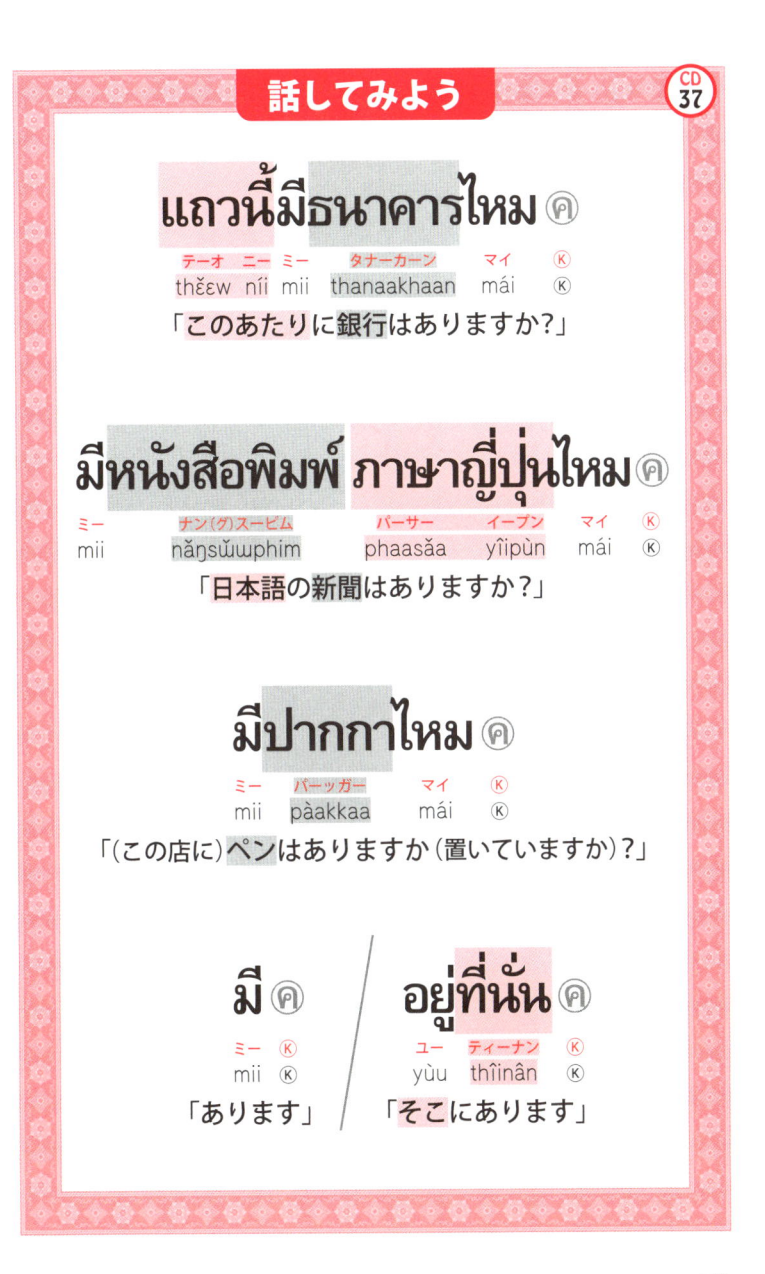

มี ⓐ
mii Ⓚ
「あります」

อยู่ที่นั่น ⓐ
yùu thîinân Ⓚ
「そこにあります」

お金を持っていますか？

มีเงินไหม ⓐ
ミー (ン)ガン マイ ⓚ
mii ŋən mái ⓚ

「お金を持っていますか？」

ไม่มี ⓐ
マイ ミー ⓚ
mâi mii ⓚ

「持っていません」

แต่มีบัตรเครดิต ⓐ
テー ミー バッ(ト)クレーディッ(ト) ⓚ
tɛ̀ɛ mii bàtkhreedìt ⓚ

「でも、クレジットカードを持っています」

words			
มี		ミー mii	持っている
เงิน		(ン)ガン ŋən	お金
แต่		テー tɛ̀ɛ	でも、しかし
บัตรเครดิต		バッ(ト)クレーディッ(ト) bàtkhreedìt	クレジットカード

存在・所有の動詞(3) มี [mii ミー]「持っている」

มี [mii ミー]は「ある、いる」と存在を表すほかに、「持っている」と所有を表す動詞です。

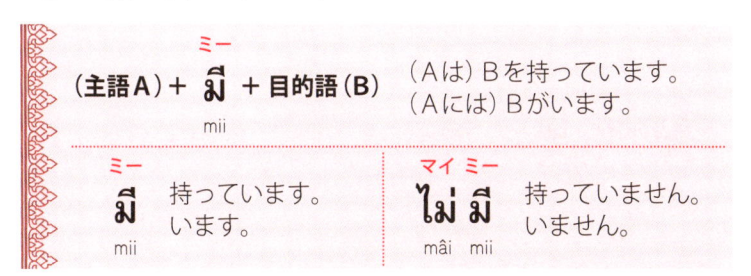

(主語A) + **มี** (ミー/mii) + 目的語(B)　(Aは) Bを持っています。
(Aには) Bがいます。

| **มี** ミー mii | 持っています。います。 | **ไม่ มี** マイ ミー mâi mii | 持っていません。いません。 |

例 ผม มี ภรรยา (แล้ว)
ポム　ミー　パンラヤー　(レーオ) Ⓚ
phǒm　mii　phanrayaa　(lɛ́ɛw) Ⓚ
私(男性)　いる　妻　(もう〜)

→ 私(男性)には(もう)妻がいます。

注) 完了の **แล้ว** [lɛ́ɛw レーオ]「もう〜した」は P194 参照。

มี ลูก ไหม
ミー　ルーッ(ク)　マイ Ⓚ
mii　lûuk　mái Ⓚ
いる　子ども　〜ですか？

→ 子どもはいますか？

มี ลูก 2 คน
ミー　ルーッ(ク)　ソーン(グ)　コン Ⓚ
mii　lûuk　sɔ̌ɔŋ　khon Ⓚ
いる　子ども　2　人

→ 2人の子どもがいます。

มี ปากกา ไหม ⓐ

ミー　　パーカー　　マイ　Ⓚ
mii　　pàakkaa　　mái　Ⓚ
持っている　ペン　～ですか？

➡ ペンを持っていますか？

ตอนนี้ ไม่ มี ⓐ

トーンニー　マイ　ミー　Ⓚ
tɔɔnníi　mâi　mii　Ⓚ
今　～ない　持っている

➡ 今、持っていません。

これはだれのものですか？

โทรศัพท์มือถือนี้ของใคร ค

トーラサッ(プ)ムートゥー　　ニー　コーン(グ)　クライ　ⓚ
thoorasàpmɯɯthɯ̌ɯ　níi　khɔ̌ɔŋ　khrai　ⓚ

「この携帯電話はだれのものですか？」

นั่นไม่ใช่มือถือของผม ค

ナン　マイ　チャイ　ムートゥー　コーン(グ)　ポム　ⓚ
nân　mâi　châi　mɯɯthɯ̌ɯ　khɔ̌ɔŋ　phǒm　ⓚ

「それは私(男性)の携帯ではありません」

ของคุณบุญมาก ค

コーン(グ)　クン　ブンマーッ(ク)　ⓚ
khɔ̌ɔŋ　khun　bunmâak　ⓚ

「ブンマークさんの(もの)です」

นี่กระเป๋าของผม ค

ニー　グラッパオ　コーン(グ)　ポム　ⓚ
nîi　kràpǎw　khɔ̌ɔŋ　phǒm　ⓚ

「これは私(男性)のかばんです」

words						
	โทรศัพท์	トーラサッ(プ) thoorasàp	電話	ไม่ใช่	マイ チャイ mâi châi	〜ではない (名詞の否定)
	มือถือ	ムートゥー mɯɯthɯ̌ɯ	携帯	บุญมาก	ブンマーッ(ク) bunmâak	ブンマーク (男性の名前)
	ของ	コーン(グ) khɔ̌ɔŋ	〜のもの	กระเป๋า	グラッパオ kràpǎw	かばん
	ใคร	クライ khrai	だれ			

注)正式には、名詞と指示詞 **นี้** [níi ニー]「この」の間には類別詞(P176)が入りますが、会話ではよく省略されます。

疑問詞「だれ」

人をたずねる疑問詞は **ใคร** [khrai クライ]「だれ」です。**กับ** [kàp ガッ(プ)]「〜と一緒に」を前に置くと「だれと一緒に」の意味になります。

> **ใคร** だれ
> クライ
> khrai

例 **ใคร มา รับ** Ⓐ ➡ だれが迎えにきますか?

クライ　マー　ラッ(プ) Ⓚ
khrai　maa　ráp Ⓚ
だれ　来る　迎える

ไป เที่ยว อยุธยา กับ ใคร Ⓐ

パイ　ティアオ　アユタヤー　ガッ(プ)　クライ Ⓚ
pai　thîaw　ʔayútthayaa　kàp　khrai Ⓚ
行く　観光する　アユタヤ　〜と一緒に　だれ

➡ だれとアユタヤへ観光に行きますか?

名詞の否定

基本表現P39で、**ไม่ใช่** [mâi châi マイ チャイ]「(いいえ、)違います」を学びましたが、名詞の前に置くと否定語「～ではありません」として使われます。

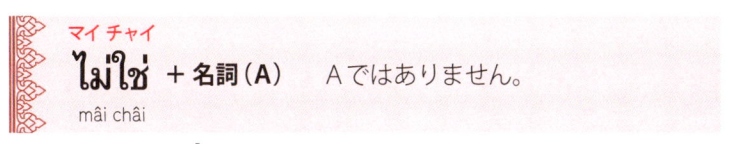

> マイ チャイ
> **ไม่ใช่** ＋名詞（A）　　Aではありません。
> mâi châi

例 **ไม่ ใช่ พี่น้อง**
マイ チャイ　ピーノーン(グ)　Ⓚ
mâi châi　　phîinɔ́ɔŋ　　Ⓚ
～ではない　兄弟(姉妹)

➡ 兄弟(姉妹)ではありません。

นี่ ไม่ ใช่ สามี (ของ) ดิฉัน
ニー　　マイ　　チャイ　　サーミー　(コーン(グ))　ディチャン　Ⓚ
nîi　　mâi　　châi　　sǎamii　　(khɔ̌ɔŋ)　　dichán　Ⓚ
こちら　～ではない　　夫　　(～の)　　私(女性)

➡ こちらは私(女性)の夫ではありません。

นี่ ไม่ ใช่ มะพร้าว
ニー　　マイ　　チャイ　　マップラーオ　Ⓚ
nîi　　mâi　　châi　　máphráaw　Ⓚ
これ　～ではない　　　ココナツ

➡ これはココナツではありません。

💠 所有代名詞「〜のもの」

　修飾語と被修飾語は P105 で学びましたが、所有を明確にさせるときは **ของ** [khɔ̌ɔŋ コーン(グ)]「〜のもの」を所有物と所有者の間に入れます。所有物を省略して、「(人)の(もの)」ということもできます。

(所有物) +	コーン(グ) **ของ** khɔ̌ɔŋ 〜のもの	+ 所有者 　〜の(もの)
		+ クライ **ใคร** khrai だれ 　だれの(もの)

例 **(ครอบครัว)** + **ของ** + **คุณ** ➡ あなたの(家族)
　(クローッ(プ)クルア)　　(コーン(グ))　　クン
　(khrɔ̂ɔpkhrua)　　　　　khɔ̌ɔŋ　　　　khun
　(家族)　　　　　　　　　〜のもの　　　あなた

　　　　　　　　　ของ + **ใคร** ➡ だれの(もの)
　　　　　　　　　コーン(グ)　クライ
　　　　　　　　　khɔ̌ɔŋ　　khrai
　　　　　　　　　〜のもの　だれ

話してみよう

นี่ของใคร ⓐ

ニー コーン(グ) クライ Ⓚ
nîi khɔ̌ɔŋ khrai Ⓚ

「これはだれのものですか？」

ของดิฉัน ⓐ

コーン(グ) ディチャン Ⓚ
khɔ̌ɔŋ dichán Ⓚ

「私(女性)のものです」

ไม่ใช่ของพวกเขา ⓐ

マイ チャイ コーン(グ) プアッ(ク) カオ Ⓚ
mâi châi khɔ̌ɔŋ phûak kháw Ⓚ

「彼らのものではありません」

พวกเขาเป็นเพื่อนของผม ⓐ

プアッ(ク) カオ ペン プアン コーン(グ) ポム Ⓚ
phûak kháw pen phûan khɔ̌ɔŋ phǒm Ⓚ

「彼らは私(男性)の友だちです」

実力アップ ②　練習問題に挑戦！

次の文をタイ語にしてみましょう。

1 どちらにお住まいですか？

2 バンコクに住んでいます。

3 この病院には日本人医師はいますか？

4 います。

5 日本人医師はどこにいますか？

6 あそこにいます。

7 このペンはだれのものですか？

8 それは私(男性)のペンではありません。
坂井さんのものです。

解答

1 อยู่ที่ไหน ⓒ
ユー ティーナイ ⓚ
yùu thîinǎi ⓚ

2 อยู่ที่กรุงเทพฯ ⓒ
ユー ティー グルン(グ)テーッ(プ) ⓚ
yùu thîi kruŋthêep ⓚ

3 โรงพยาบาลนี้มีหมอคนญี่ปุ่นไหม ⓒ
ローン(グ)パヤーバーン ニー ミー モー コン イープン マイ ⓚ
rooŋphayaabaan níi mii mɔ̌ɔ khon yîipùn mái ⓚ

4 มี ⓒ
ミー ⓚ
mii ⓚ

5 หมอคนญี่ปุ่นอยู่ที่ไหน ⓒ
モー コン イープン ユー ティーナイ ⓚ
mɔ̌ɔ khon yîipùn yùu thîinǎi ⓚ

6 อยู่ที่โน่น ⓒ
ユー ティーノーン ⓚ
yùu thîinôon ⓚ

7 ปากกานี้ของใคร ⓒ
パーッガー ニー コーン(グ) クライ ⓚ
pàakkaa níi khɔ̌ɔŋ khrai ⓚ

8 นั่นไม่ใช่ปากกาของผม ⓒ (ปากกา)ของคุณซาไก ⓒ
ナン マイ チャイ パーッガー コーン(グ) ポム ⓚ (パーッガー) コーン(グ) クン サーガイ ⓚ
nân mâi châi pàakkaa khɔ̌ɔŋ phǒm ⓚ (pàakkaa) khɔ̌ɔŋ khun saakai ⓚ

145

店はホテルの前にあります

ร้านอยู่หน้า โรงแรม ค

ráan yùu nâa rooŋrɛɛm ⓚ

「店はホテルの前にあります」

ร้านอาหารอยู่ใกล้กับ ตลาด ค

ráan ʔaahǎan yùu klâi kàp talàat ⓚ

「レストランは市場の近くにあります」

ที่จอดรถ อยู่ ข้างล่าง ค

thîijɔ̀ɔtrót yùu khâaŋ lâaŋ ⓚ

「駐車場は下にあります」

คุณบุญมากอยู่ใน ห้อง ค

khun bunmâak yùu nai hɔ̂ŋ ⓚ

「ブンマークさんは部屋の中にいます」

words						
ร้าน	ラーン ráan	店	ตลาด	タラーッ(ト) talàat	市場
หน้า	ナー nâa	前	ที่จอดรถ	ティージョーッ(ト)ロッ(ト) thîijɔ̀ɔtrót	駐車場
โรงแรม	ローン(グ)レーム rooŋrɛɛm	ホテル	ข้างล่าง	カーン(グ) ラーン(グ) khâaŋ lâaŋ	階下
ร้านอาหาร	ラーン アーハーン ráan ʔaahǎan	レストラン	ใน	ナイ nai	中
ใกล้กับ	グライ ガッ(プ) klâi kàp	〜の近く	ห้อง	ホン(グ) hɔ̂ŋ	部屋

日常会話で文法を身につけよう

147

場所や方向の表現

場所や方向の表現は次の通りですが、「下」は「(物の)下」と「階下」で単語が違います。「階下」「右側」「左側」は **ข้าง** [khâaŋ カーン(グ)]「〜側」をつけて覚えてください。

場所・方向			
บน ボン bon	上	**ใต้** ターイ tâai	下
		ข้าง ล่าง カーン(グ) ラーン(グ) khâaŋ lâaŋ	階下
หน้า ナー nâa	前(表)	**หลัง** ラン(グ) lǎŋ	後(裏)
ใน ナイ nai	中	**นอก** ノーッ(ク) nɔ̂ɔk	外
ข้างขวาของ カーン(グ) クワー コーン(グ) khâaŋ khwǎa khɔ̌ɔŋ	右側	**ข้างซ้ายของ** カーン(グ) サーイ コーン(グ) khâaŋ sáai khɔ̌ɔŋ	左側
ข้าง カーン(グ) khâaŋ	横(そば)	**ตรงข้าม** トロㇴ(グ)カーム troŋkhâam	向かい側
ใกล้(กับ) グライ (ガッ(プ)) klâi (kàp)	〜の近く	**ไกลจาก** グライ ジャーッ(ク) klai jàak	〜から遠く

1) 位置を示す名詞を伴わない場合

　位置を示す名詞がない場合は、「場所や方向の表現」の前に必ず **ข้าง** [khâaŋ カーン(グ)]「〜側」をつけますが、「向かい側」「〜の近く」「〜から遠く」は不要です。

| カーン(グ) ข้าง khâaŋ 〜側 | ＋ | 上、下、階下、前(表)、後(裏)、中、外、右、左、横(そば) | ➡ | ○側 |

例 ข้าง ใต้ ➡ 下
カーン(グ)　ターイ
khâaŋ　tâai
〜側　　下

ข้าง ล่าง ➡ 階下
カーン(グ)　ラーン(グ)
khâaŋ　lâaŋ
〜側　　階下

ข้าง ใน ➡ 中
カーン(グ)　ナイ
khâaŋ　nai
〜側　　中

ข้าง ซ้าย ของ ➡ 左側
カーン(グ)　サーイ　コーン(グ)
khâaŋ　sáai　khɔ̌ɔŋ
〜側　　左

2）位置を示す名詞を伴う場合

　位置を示す名詞がある場合は、「場所や方向の表現」の後に「名詞」を置きます。名詞があれば **ข้าง**[khâaŋ カーン(グ)]「〜側」を省略できますが、「階下、右、左」は省略できません。

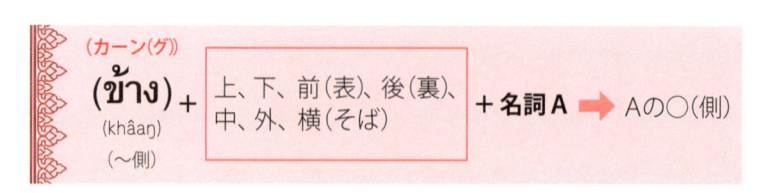

| (カーン(グ))
(ข้าง) +
(khâaŋ)
(〜側) | 上、下、前(表)、後(裏)、
中、外、横(そば) | + 名詞 A ➡ Aの○(側) |

例 **(ข้าง)　บน　โต๊ะ** ➡ 机の上
　(カーン(グ))　ボン　ト
　(khâaŋ)　bon　tó
　(〜側)　上　机

(ข้าง)　นอก　บ้าน ➡ 家の外
(カーン(グ))　ノーッ(ク)　バーン
(khâaŋ)　nɔ̂ɔk　bâan
(〜側)　外　家

(ข้าง)　หลัง　วัด ➡ 寺院の裏
(カーン(グ))　ラン(グ)　ワッ(ト)
(khâaŋ)　lǎŋ　wát
(〜側)　後(裏)　寺院

(ข้าง)　ข้าง　ไปรษณีย์ ➡ 郵便局のそば
(カーン(グ))　カーン(グ)　プライサニー
(khâaŋ)　khâaŋ　praisanii
(〜側)　横、そば　郵便局

ข้าง ขวาของ สถานทูตญี่ปุ่น ➡ 日本大使館の右側

カーン(グ) クワー コーン(グ)　サターントゥーッ(ト) イープン
khâaŋ　khwǎa khɔ̌ɔŋ　　sathǎanthûut yîipùn
　　　　右側　　　　　　日本大使館

ตรงข้าม ที่ขึ้นรถแท็กซี่ ➡ タクシー乗り場の向かい側

トロン(グ)カーム　ティー クン ロッ(ト) テクシー
troŋkhâam　　thîi khûn rót　théksîi
向かい側　　　　タクシー乗り場

ไกลจาก　สถานีรถไฟ ➡ 駅から遠く

グライ ジャーッ(ク)　サターニー ロッ(ト)ファイ
klai　jàak　　　sathǎanii　rótfai
〜から遠く　　　　　　駅

ใกล้(กับ)　โรงแรม ➡ ホテルの近く

グライ(ガッ(プ))　ローン(グ)レーム
klâi (kàp)　　rooŋrɛɛm
〜の近く　　　　ホテル

151

話してみよう CD43

ร้านอาหาร อยู่ ข้างบน ค
ラーン アーハーン　ユー　カーン(グ) ボン Ⓚ
ráan ʔaahǎan yùu khâaŋ bon Ⓚ

「(デパートで)レストランは上にあります」

ร้านอยู่ ใน สถานีรถไฟ ค
ラーン ユー ナイ　サターニーロッ(ト)ファイ Ⓚ
ráan yùu nai sathǎaniiírótfai Ⓚ

「店は駅の中にあります」

คุณสุดาอยู่ หน้า ธนาคาร ค
クン スダー ユー　ナー　タナーカーン Ⓚ
khun sùdaa yùu nâa thanaakhaan Ⓚ

「スダーさんは銀行の前にいます」

โรงแรม อยู่ ไกลจาก สนามบิน ค
ローン(グ)レーム　ユー　クライ ジャーッ(ク)　サナームビン Ⓚ
rooŋrɛɛm yùu klai jàak sanǎambin Ⓚ

「ホテルは空港から遠いです」

どのようにして行きますか？

ไปอย่างไร ค
パイ　　　ヤンガイ　　　Ⓚ
pai　　　yaŋŋai　　　Ⓚ

「どのようにして行きますか？」

อยู่ไกลจากที่นี่ ค
ユー　　グライ　ジャー(ク)　ティーニー　Ⓚ
yùu　　klai jàak　　thîinîi　Ⓚ

「ここから遠いです（ここから遠くにあります）」

ไปโดยรถแท็กซี่ ค
パイ　　ドーイ　　ロッ(ト)テッ(ク)シー　Ⓚ
pai　　dooy　　rótthéksîi　Ⓚ

「タクシーで行きます」

อยู่ใกล้กับที่นี่ ค
ユー　　グライ　ガッ(プ)　ティーニー　Ⓚ
yùu　　klâi kàp　　thîinîi　Ⓚ

「この近くです（ここの近くにあります）」

words						
อย่างไร	ヤンガイ yaŋŋai	どのように、どのような		โดย	ドーイ dooy	(乗り物)で
ไกล	グライ klai	遠い		รถ	ロッ(ト) rót	車、車両
จาก	ジャーッ(ク) jàak	～から		แท็กซี่	テッ(ク)シー théksîi	タクシー
ที่นี่	ティーニー thîinîi	ここ		ใกล้กับ	グライ ガッ(プ) klâi kàp	～に近い

疑問詞「どのように、どのような」

方法や状態をたずねる疑問詞「どのように、どのような」は、**อย่างไร** [yàaŋrai ヤーン(グ)ライ]と書きますが、会話では**ยังไง** [yaŋŋai ヤンガイ]と発音します。**อย่างนี้** [yàaŋníi ヤーン(グ)ニー]「このように」も**ยังงี้** [yaŋŋíi ヤンギー]と発音します。

เป็นยังไง [pen yaŋŋai ペン ヤンガイ]「どうですか？」は、人や機械に使えば「調子はどうですか？」、料理に使えば「味はどうですか？」など、さまざまな状態をたずねるときに使います。

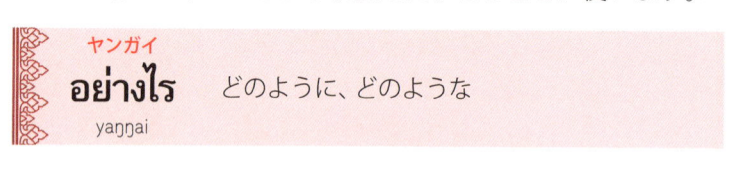

> ヤンガイ
> **อย่างไร** どのように、どのような
> yaŋŋai

例 **ใช้อย่างไร** ⓐ ➡ どのようにして使いますか？
チャイ ヤンガイ Ⓚ
chái yaŋŋai Ⓚ

ใช้อย่างนี้ ⓐ ➡ このようにして使います。
チャイ ヤンギー Ⓚ
chái yaŋŋíi Ⓚ

เป็นอย่างไร ก ➡ どうですか？

ペン　ヤンガイ　Ⓚ
pen　yaŋŋai　Ⓚ

1) 調子はどうですか？
2) 味はどうですか？

1) 人、機械など

例 **เรื่อยๆ** ก ➡ まあまあです。

ルアイ ルアイ Ⓚ
rûay rûay　Ⓚ

※食べ物には使えません。

2) 料理、食べ物など

例 **อร่อย** ก ➡ おいしいです。

アロイ　Ⓚ
ʔarɔ̀y　Ⓚ

実力アップ ③ 練習問題に挑戦！

下の図を見て、「私」から見た次の場所をタイ語で
たずねたり、教えたりしてみましょう。

1 次の場所をタイ語でたずねてみましょう。

　　1 トイレ　　2 売店　　3 電話

2 次の場所をタイ語で教えてみましょう。

　　4 トイレ　　5 売店　　6 電話

解答

1 ห้องน้ำอยู่ที่ไหน ⓐ 「トイレはどこですか?」

ホン(グ)ナーム ユー ティーナイ ⓚ
hôŋnáam yùu thîinǎi ⓚ

2 ร้านขายของอยู่ที่ไหน ⓐ 「売店はどこですか?」

ラーンカーイ コーン(グ) ユー ティーナイ ⓚ
ráankhǎay khɔ̌ɔŋ yùu thîinǎi ⓚ

3 โทรศัพท์อยู่ที่ไหน ⓐ 「電話はどこですか?」

トーラサッ(プ) ユー ティーナイ ⓚ
thoorasàp yùu thîinǎi ⓚ

4 ห้องน้ำ อยู่ ตรงข้าม ร้านอาหาร ⓐ 「トイレはレストランの向かい側です」

ホーン(グ)ナーム ユー トロン(グ)カーム ラーン アーハーン ⓚ
hôŋnáam yùu troŋkhâam ráan ʔaahǎan ⓚ

5 ร้านขายของอยู่ข้างซ้ายของ ห้องน้ำ ⓐ 「売店はトイレの左側です」

ラーン カーイ コーン(グ) ユー カーン(グ) サーイ コーン(グ) ホン(グ)ナーム ⓚ
ráan khǎay khɔ̌ɔŋ yùu khâaŋ sáay khɔ̌ɔŋ hôŋnáam ⓚ

6 โทรศัพท์อยู่ ใกล้กับ ร้านขายของ ⓐ 「電話は売店の近くです」

トーラサッ(プ) ユー グライ ガッ(プ) ラーン カーイ コーン(グ) ⓚ
thoorasàp yùu klâi kàp ráan khǎay khɔ̌ɔŋ ⓚ

3 買い物

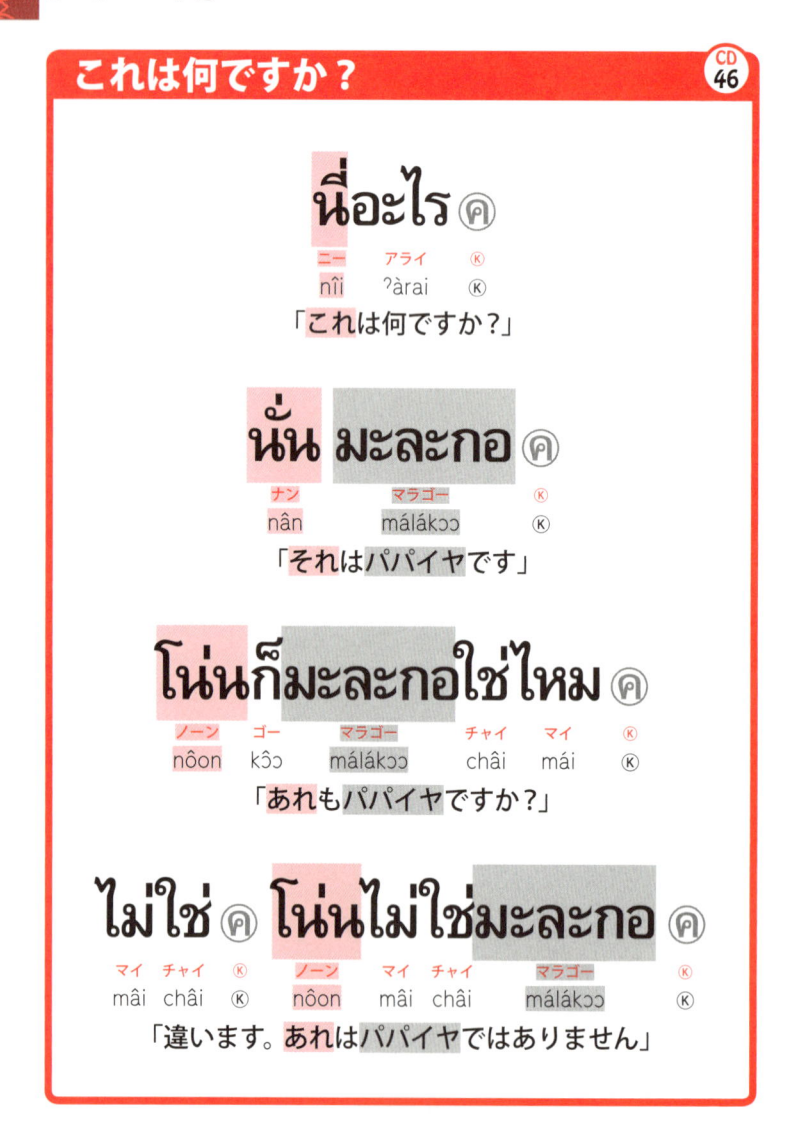

これは何ですか?

นี่อะไร ⓒ
ニー　アライ　 ⓚ
nîi　ʔàrai　ⓚ
「これは何ですか?」

นั่น มะละกอ ⓒ
ナン　マラゴー　ⓚ
nân　málákɔɔ　ⓚ
「それはパパイヤです」

โน่นก็มะละกอใช่ไหม ⓒ
ノーン　ゴー　マラゴー　チャイ　マイ　ⓚ
nôon　kɔ̂　málákɔɔ　châi　mái　ⓚ
「あれもパパイヤですか?」

ไม่ใช่ ⓒ **โน่นไม่ใช่มะละกอ** ⓒ
マイ　チャイ　ⓚ　ノーン　マイ　チャイ　マラゴー　ⓚ
mâi châi　ⓚ　nôon　mâi châi　málákɔɔ　ⓚ
「違います。あれはパパイヤではありません」

words					
อะไร	アライ ʔàrai	何	ก็	ゴー kɔ̂ɔ	～も
มะละกอ	マラゴー málákɔɔ	パパイヤ	ใช่ไหม	チャイマイ châi mái	～ですか？

疑問詞「何」

อะไร [ʔàrai アライ]「何」はP101、P106で、名前、国籍、職業をたずねるときに用いましたが、「物」をたずねる疑問詞です。

> アライ
> **อะไร** 何
> ʔàrai

例 **นี่อะไร** ⓒ ➡ これは何ですか？
ニー アライ Ⓚ
nîi ʔàrai Ⓚ

นี่ร้านอะไร ⓒ ➡ これは何の店ですか？
ニー ラーン アライ Ⓚ
nîi ráan ʔàrai Ⓚ

นี่ขนมอะไร ⓒ ➡ これは何のお菓子ですか？
ニー カノム アライ Ⓚ
nîi khanǒm ʔàrai Ⓚ

(เบอร์) มือถือ (ของคุณ) เบอร์อะไร ⓒ
(ブー) ムートゥー (コーン(グ) クン) ブー アライ Ⓚ
(bəə) mɯɯthɯ̌ɯ (khɔ̌ɔŋ khun) bəə ʔàrai Ⓚ

➡ (あなたの)携帯電話(番号)は何番ですか？

指示詞「こちら、そちら、あちら」

指示詞は P126 で説明しましたが、人に用いられる場合は、「こちら、そちら、あちら」と訳しましょう。

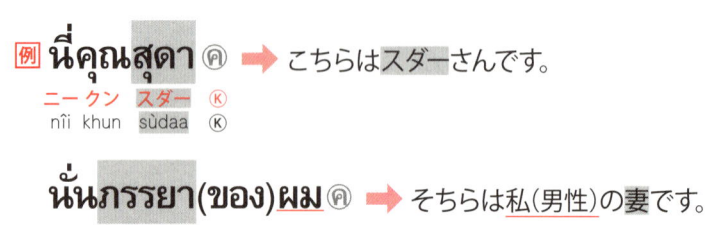

例 **นี่คุณสุดา** ⓐ ➡ こちらはスダーさんです。
ニー クン スダー Ⓚ
nîi khun sùdaa Ⓚ

นั่นภรรยา(ของ)ผม ⓐ ➡ そちらは私(男性)の妻です。
ナン パンラヤー (コーン(グ)) ポム Ⓚ
nân phanrayaa (khɔ̌ɔŋ) phǒm Ⓚ

「～も、～もまた」

「～も」は主語の後に **ก็** [kɔ̂ɔ ゴー] を置きます。

| 主語 + **ก็** ゴー kɔ̂ɔ | ～も、～もまた |

例 **นี่ลูก(ของ)ผม** ⓐ ➡ こちらは私(男性)の子どもです。
ニー ルーッ(ク) (コーン(グ)) ポム Ⓚ
nîi lûuk (khɔ̌ɔŋ) phǒm Ⓚ

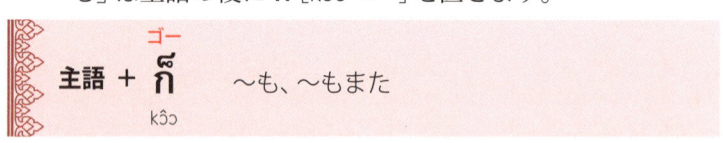

นั่นก็ลูก(ของ)ผม ⓐ ➡ そちらも私(男性)の子どもです。
ナン ゴー ルーッ(ク) (コーン(グ)) ポム Ⓚ
nân kɔ̂ɔ lûuk (khɔ̌ɔŋ) phǒm Ⓚ

話してみよう

โน่นโรงเรียนใช่ไหม ⓒ

nôon roongrian châi mái Ⓚ

「あれは学校ですか？」

ไม่ใช่ ⓒ โน่นโรงแรม ⓒ

mâi châi Ⓚ nôon roongrɛɛm Ⓚ

「違います。あれはホテルです」

นี่ใคร ⓒ

nîi khrai Ⓚ

「こちらはだれですか？」

นี่อาจารย์ภาษาไทย(ของ)ผม ⓒ

nîi ʔaajaan phaasăa thai (khɔ̌ɔng) phǒm Ⓚ

「こちらは私(男性)のタイ語の先生です」

いくらですか？

ราคาเท่าไร ⓒ
ラーカー　　タオライ　ⓚ
raakhaa　　thâwrài　ⓚ

「値段はいくらですか？」

หนังสือเล่มนี้ราคาเท่าไร ⓒ
ナン(グ)スー　レム　ニー　ラーカー　タオライ　ⓚ
nǎŋsʉ̌ʉ　lêm　níi　raakhaa　thâwrài　ⓚ

「この本はいくらですか？」

270บาท ⓒ
ソーン(グ) ローイ ジェッ(ト) シッ(プ) バーッ(ト)　ⓚ
sɔ̌ɔŋ rɔ́ɔy jèt sìp bàat　ⓚ

「270バーツです」

words

ราคา	ラーカー raakhaa	値段	หนังสือ	ナン(グ)スー nǎŋsʉ̌ʉ　本
เท่าไร	タオライ thâwrài	いくら	เล่ม	レム lêm　本、ナイフなどの類別詞
270	ソーン(グ) ローイ ジェッ(ト) シッ(プ) sɔ̌ɔŋ rɔ́ɔy jèt sìp		270	
บาท	バーッ(ト) bàat	バーツ(タイの通貨)		

数詞

すべての数字は次の18の数字の組み合わせです。アラビア数字、漢数字の下にタイ数字も入れました。日常ではタイ数字も使いますが、表記方法はアラビア数字と同じです。

数字	タイ語	数字	タイ語	数字	タイ語
0 / ๐	ศูนย์ スーン sǔun	6 / ๖	หก ホッ(ク) hòk	20 / ๒๐	ยี่สิบ イーシッ(プ) yîisìp
1 / ๑	หนึ่ง ヌン(グ) nùŋ	7 / ๗	เจ็ด ジェッ(ト) jèt	百 / ๑๐๐	ร้อย ローイ rɔ́ɔy
2 / ๒	สอง ソーン(グ) sɔ̌ɔŋ	8 / ๘	แปด ペーッ(ト) pɛ̀ɛt	千 / ๑๐๐๐	พัน パン phan
3 / ๓	สาม サーム sǎam	9 / ๙	เก้า ガーオ kâaw	万 / ๑๐๐๐๐	หมื่น ムーン mɯ̀ɯn
4 / ๔	สี่ シー sìi	10 / ๑๐	สิบ シッ(プ) sìp	十万 / ๑๐๐๐๐๐	แสน セーン sɛ̌ɛn
5 / ๕	ห้า ハー hâa	11 / ๑๑	สิบเอ็ด シッ(プ)エッ(ト) sìpʔèt	百万 / ๑๐๐๐๐๐๐	ล้าน ラーン láan

1) 0〜10

そのまま覚えます。

2) 百〜百万

百〜百万までの単位を覚えます。単位の前の1は省略できます。

例				
	百(100)	ร้อย	rɔ́ɔy	ローイ
	1百(100)	หนึ่งร้อย	nɯ̀ŋ rɔ́ɔy	ヌン(グ) ローイ
	2,000	สองพัน	sɔ̌ɔŋ phan	ソーン(グ) パン

例	30,000	สามหมื่น	sǎam mùɯn	サーム ムーン
	400,000	สี่แสน	sìi sɛ̌ɛn	シー セーン
	5,000,000	ห้าล้าน	hâa láan	ハー ラーン

3）11以上で1の位が1の数字

หนึ่ง [nùɯŋ ヌン(グ)]ではなく、**เอ็ด** [ʔèt エッ(ト)]です。100以上は **หนึ่ง** [nùɯŋ ヌン(グ)]も使います。

例	百1 (101)	(หนึ่ง)ร้อยเอ็ด	(nùɯŋ) rɔ́ɔy ʔèt	(ヌン(グ)) ローイ エッ(ト)
	1百1 (101)	(หนึ่ง)ร้อยหนึ่ง	(nùɯŋ) rɔ́ɔy nùɯŋ	(ヌン(グ)) ローイ ヌン(グ)
	千1 (1,001)	(หนึ่ง)พันเอ็ด	(nùɯŋ) phan ʔèt	(ヌン(グ)) パン エッ(ト)
	1千1 (1,001)	(หนึ่ง)พันหนึ่ง	(nùɯŋ) phan nùɯŋ	(ヌン(グ)) パン ヌン(グ)

4）20～29

10の位の2は **สอง** [sɔ̌ɔŋ ソーン(グ)]ではなく、**ยี่** [yîi イー]です。

例	21	ยี่สิบเอ็ด	yîi sìp ʔèt	イー シッ(プ) エッ(ト)
	22	ยี่สิบสอง	yîi sìp sɔ̌ɔŋ	イー シッ(プ) ソーン(グ)

5）1000万以上

百万までの単位を組み合わせて表します。

例	1千万 (10,000,000)	สิบล้าน	sìp láan	シッ(プ) ラーン
		(10,000,000 = 10 + 百万)		
	1億 (100,000,000)	(หนึ่ง)ร้อยล้าน	(nùɯŋ) rɔ́ɔy láan	(ヌン(グ)) ローイ ラーン
		(100,000,000 = 百 + 百万)		
	1兆 (1,000,000,000,000)	(หนึ่ง)ล้านล้าน	(nùɯŋ) láan láan	(ヌン(グ)) ラーン ラーン
		(1,000,000,000,000 = 百万 + 百万)		

序数詞

数字の前に ที่ [thîi ティー] を置きます。名詞と序数詞の間には、類別詞（P176）を入れます。

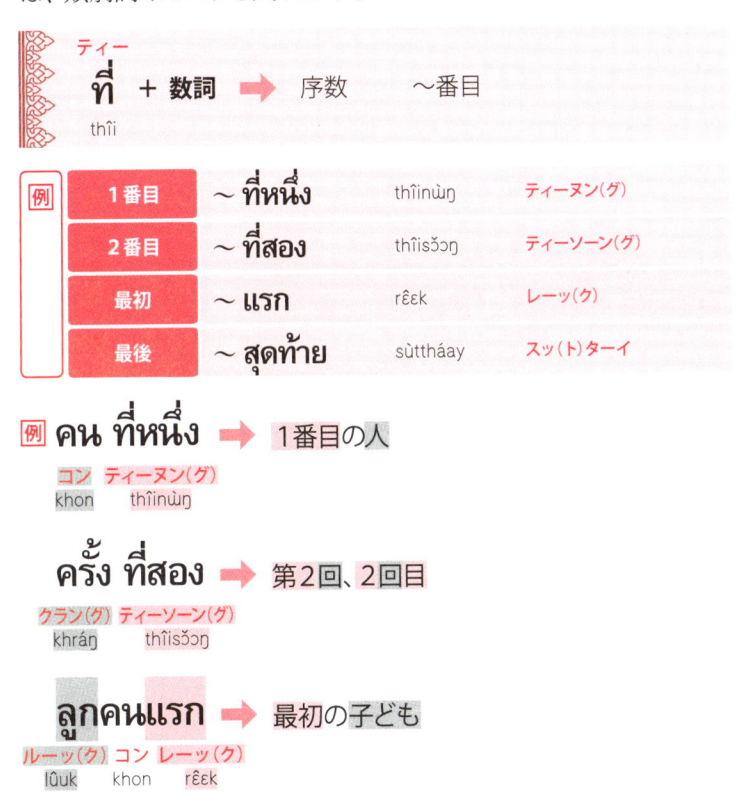

ที่ + 数詞 ➡ 序数　〜番目
thîi

例				
1番目	〜 ที่หนึ่ง	thîinɯ̀ŋ	ティーヌン(グ)
2番目	〜 ที่สอง	thîisɔ̌ɔŋ	ティーソーン(グ)
最初	〜 แรก	rɛ̂ɛk	レーッ(ク)
最後	〜 สุดท้าย	sùttháay	スッ(ト)ターイ

例 คน ที่หนึ่ง ➡ 1番目の人
　　コン　ティーヌン(グ)
　　khon　thîinɯ̀ŋ

ครั้ง ที่สอง ➡ 第2回、2回目
クラン(グ)　ティーソーン(グ)
khráŋ　　　thîisɔ̌ɔŋ

ลูกคนแรก ➡ 最初の子ども
ルーッ(ク) コン レーッ(ク)
lûuk　　khon　rɛ̂ɛk

疑問詞「いくら、いくつ、どれだけ」

　数量をたずねる疑問詞は、タイ語には **เท่าไร** [thâwrài タオライ] と **กี่** [kìi ギー] (P181) があります。**เท่าไร** [thâwrài タオライ] は、**ราคา** [raakhaa ラーカー]「値段」と組み合わせると「値段はいくらですか？」になりますが、**เท่าไร** [thâwrài タオライ]「いくら？」だけでもOKです。**อายุ** [ʔaayú アーユ]「年齢」と組み合わせると「何歳ですか？」になります。

> タオライ
> **เท่าไร**　いくら、いくつ、どれだけ
> thâwrài

例 **ราคา เท่าไร** ⓙ　➡ 値段はいくらですか？
　ラーカー　タオライ ⓚ
　raakhaa　thâwrài ⓚ

➡ **ห้าพันแปดร้อยบาท** ⓙ ➡ 5800バーツです。
　ハー パン ペーッ(ト)ローイバーッ(ト) ⓚ
　hâa phan pɛ̀ɛt rɔ́ɔy bàat ⓚ

อายุเท่าไร ⓙ　➡ 何歳ですか？
　アーユ タオライ ⓚ　　（年齢はおいくつですか？）
　ʔaayú thâwrài ⓚ

➡ **อายุ ยี่สิบห้าปี** ⓙ ➡ 25歳です。
　アーユ イーシッ(プ) ハーピー ⓚ （年齢は25歳です）
　ʔaayú yîisìp hâa pii ⓚ

話してみよう

เท่าไร ⓐ

タオライ Ⓚ
thâwrài Ⓚ

「いくらですか?」

ร้อยยี่สิบดอลลาร์ ⓐ

ローイ　イーシッ(プ)　　ドンラー　Ⓚ
rɔ́ɔy　yîisìp　　dɔɔnlâa　Ⓚ

「120ドルです」

คุณอายุเท่าไร ⓐ

クン　　アーユ　　タオライ　Ⓚ
khun　ʔaayú　thâwrài　Ⓚ

「あなたは年齢はおいくつですか?」

37ปี ⓐ

サームシッ(プ) ジェッ(ト)　ピー　Ⓚ
sǎamsìp jèt　pii　Ⓚ

「37歳です」

（値段が）高すぎます

แพง (เกิน)ไป ค
ペーン(グ)　(グーン)パイ　Ⓚ
phɛɛŋ　(kəən)pai　Ⓚ

「(値段が)高すぎます」

ร้อน นิดหน่อย ค
ローン　ニッ(ト)ノイ　Ⓚ
rɔ́ɔn　nítnɔ̀y

「少し暑いです」

ของนี้ค่อนข้าง หนัก ค
コーン(グ)　ニー　コーンカーン(グ)　ナッ(ク)　Ⓚ
khɔ̌ɔŋ　níi　khɔ̂ɔnkhâaŋ　nàk　Ⓚ

「この荷物はかなり重いです」

ต้มยำกุ้งนี้เค็ม มาก ค
トムヤムクン(グ)　ニー　ケム　マー(ク)　Ⓚ
tômyamkûŋ　níi　khem　mâak　Ⓚ

「このトムヤムクン(エビスープ)はとても塩辛いです」

words

แพง	ペーン(グ) phɛɛŋ	(値段が)高い
(เกิน)ไป	(グーン)パイ (kəən)pai	〜すぎる
ร้อน	ローン rɔ́ɔn	暑い
นิดหน่อย	ニッ(ト)ノイ nítnɔ̀y	少し〜
ของ	コーン(グ) khɔ̌ɔŋ	荷物、品物、〜の
ค่อนข้าง	コーンカーン(グ) khɔ̂nkhâaŋ	かなり〜
หนัก	ナッ(ク) nàk	重い
ต้มยำกุ้ง	トムヤムグン(グ) tômyamkûŋ	トムヤムクン(エビスープ)
เค็ม	ケム khem	塩辛い
มาก	マーッ(ク) mâak	とても〜

程度を表す表現

程度を表す表現は、**ค่อนข้าง** [khɔ̂n khâaŋ コーン カーン(グ)]「かなり」は形容詞の前に置き、そのほかは形容詞の後に置きます。

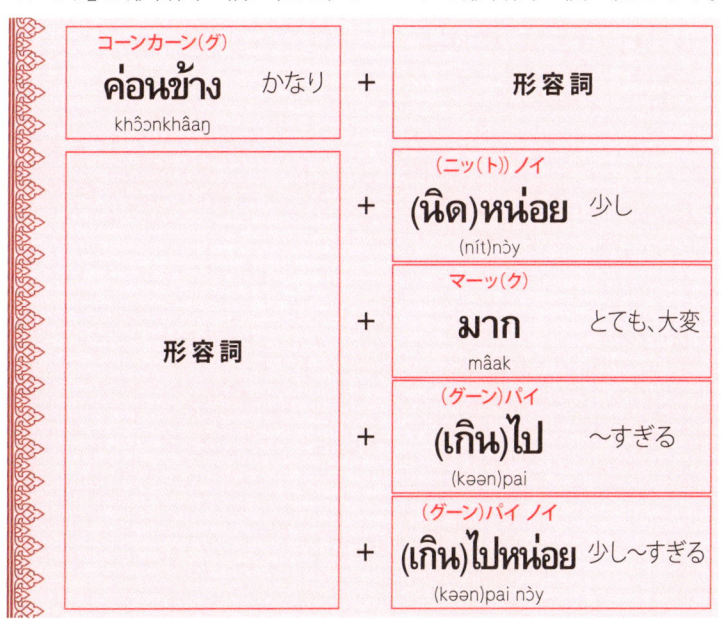

ค่อนข้าง コーンカーン(グ) khɔ̂nkhâaŋ かなり	+	形容詞
形容詞	+	**(นิด)หน่อย** (ニッ(ト))ノイ (nít)nɔ̀y 少し
形容詞	+	**มาก** マーッ(ク) mâak とても、大変
形容詞	+	**(เกิน)ไป** (グーン)パイ (kəən)pai 〜すぎる
形容詞	+	**(เกิน)ไปหน่อย** (グーン)パイ ノイ (kəən)pai nɔ̀y 少し〜すぎる

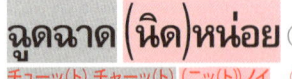

例 ค่อนข้าง เก่า ⓐ ➡ かなり古いです。
コーンカーン(グ) ガオ Ⓚ
khɔ̂ɔnkhâaŋ kàw Ⓚ

ฉูดฉาด (นิด)หน่อย ⓐ ➡ 少し派手です。
チューッ(ト) チャーッ(ト) (ニッ(ト))ノイ Ⓚ
chùut chàat (nít)nɔ̀y Ⓚ

ขนม นี้ หวาน มาก ⓐ ➡ このお菓子はとても甘いです。
カノム ニー ワーン マーッ(ク) Ⓚ
khanǒm níi wǎan mâak Ⓚ

หมวก นี้ ใหญ่ (เกิน)ไป ⓐ ➡ この帽子は大きすぎます。
ムアッ(ク) ニー ヤイ (グーン)パイ Ⓚ
mùak níi yài (kəən)pai Ⓚ

เล็ก (เกิน)ไป หน่อย ⓐ ➡ 少し小さすぎます。
レッ(ク) (グーン)パイ ノイ Ⓚ
lék (kəən)pai nɔ̀y Ⓚ

あまり好きではありません

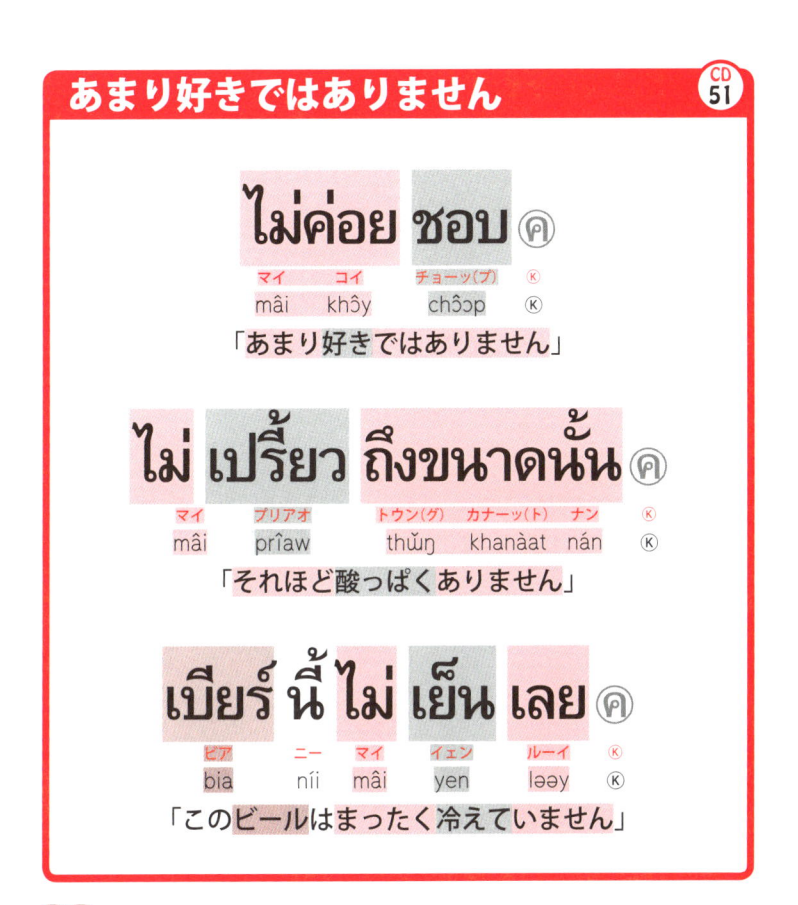

ไม่ค่อย ชอบ ⓐ
マイ　コイ　チョーッ(プ) ⓚ
mâi　khôy　chɔ̂ɔp ⓚ

「あまり好きではありません」

ไม่ เปรี้ยว ถึงขนาดนั้น ⓐ
マイ　プリアオ　トゥン(グ) カナーッ(ト) ナン ⓚ
mâi　prîaw　thǔŋ　khanàat　nán ⓚ

「それほど酸っぱくありません」

เบียร์ นี้ ไม่ เย็น เลย ⓐ
ビア　ニー　マイ　イェン　ルーイ ⓚ
bia　níi　mâi　yen　ləəy ⓚ

「このビールはまったく冷えていません」

words					
ไม่ค่อย	マイ コイ mâi khôy	あまり〜ない	เบียร์	ビア bia	ビール
ชอบ	チョーッ(プ) chɔ̂ɔp	好き	ไม่〜เลย	マイ〜ルーイ mâi〜ləəy	まったく〜ない
เปรี้ยว	プリアオ prîaw	酸っぱい	เย็น	イェン yen	冷たい、寒い、涼しい
ไม่〜ถึงขนาดนั้น	マイ〜トゥン(グ) カナーッ(ト) ナン mâi〜thǔŋ khanàat nán	それほど〜ない			

否定の程度を表す表現

形容詞の位置に注意しましょう。

マイ コイ **ไม่ค่อย** mâi khôy	+	形容詞	あまり〜ない
マイ **ไม่** mâi	+	+ トゥン(グ) カナーッ(ト) ナン **ถึงขนาดนั้น** thǔŋ khanàat nán	それほど〜ない
マイ **ไม่** mâi	+	+ ルーイ **เลย** ləəy	全然〜ない

例 **ไม่ค่อย สวย** ⓐ
マイ コイ スアイ ⓚ
mâi khôy sǔay ⓚ

➡ あまりきれいではありません。

ไม่ ใหม่ ถึงขนาดนั้น ⓐ
マイ マイ トゥン(グ) カナーッ(ト) ナン ⓚ
mâi mài thǔŋ khanàat nán ⓚ

➡ それほど新しくありません。

ไม่ ถูก เลย ⓐ
マイ トゥーッ(ク) ルーイ ⓚ
mâi thùuk ləəy ⓚ

➡ 全然安くありません。

話してみよう

เหนื่อย นิดหน่อย
ヌワイ　　　ニッ(ト)ノイ
nὑay　　　nítnɔ̀y
「少し疲れています」

สนุก มาก
サヌッ(ク)　マーッ(ク)
sanùk　　mâak
「とてもおもしろいです」

ห้องนี้หนาว (เกิน)ไป
ホン(グ) ニー ナーオ (グーン)パイ
hɔ̂ŋ　níi　nǎaw　(kəən)pai
「この部屋は寒すぎます」

ภาษาไทย ไม่ ยาก ถึงขนาดนั้น
パーサー　タイ　マイ　ヤーッ(ク)　トゥン(グ) カナーッ(ト) ナン
phaasǎa　thai　mâi　yâak　thɯ̌ŋ　khanàat nán
「タイ語はそれほど難しくありません」

パパイヤを2個ください

CD 53

รับ/เอา กี่ลูก ⓒ
ラッ(プ) / アオ　ギー ルーッ(ク) ⓚ
ráp / ʔaw　kìi lûuk ⓚ

「いくついりますか？」

ขอ มะละกอ สอง ลูก ⓒ
コー　マラゴー　ソーン(グ)　ルーッ(ク) ⓚ
khɔ̌ɔ　málákɔɔ　sɔ̌ɔŋ　lûuk ⓚ

「パパイヤを2個ください」

หมวกนี้มี กี่ ใบ ⓒ
ムアッ(ク)　ニー ミー　ギー　バイ ⓚ
mùak　níi mii　kìi　bai ⓚ

「この帽子は何個ありますか？」

มี ห้า ใบ ⓒ
ミー　ハー　バイ ⓚ
mii　hâa　bai ⓚ

「5個あります」

words					
รับ	ラッ(プ) ráp	入り用である	สอง	ソーン(グ) sɔ̌ɔŋ	2
เอา	アオ ʔaw	要る	หมวก	ムアッ(ク) mùak	帽子
กี่	ギー kìi	いくつ	มี	ミー mii	ある、いる、持っている
ลูก	ルーッ(ク) lûuk	～個（果物などの類別詞）	ใบ	バイ bai	個、枚（食器、帽子などの類別詞）
ขอ	コー khɔ̌ɔ	～をください	ห้า	ハー hâa	5
มะละกอ	マラゴー málákɔɔ	パパイヤ			

　店員がお客様に丁寧にたずねるときは **รับ** [ráp ラッ(プ)]「入り用である」を使いますが、市場の売り手が客に対して、あるいは親しい人に対しては **เอา** [ʔaw アオ]「要る」を使います。

　「この帽子は何個ありますか？」は、文法的には主語などが省略された **มีหมวกนี้กี่ใบ** [mii mùak níi kìi bai ミー ムアッ(ク) ニー ギー バイ]「(この店には)この(ような)帽子が何個ありますか(置いてありますか)？」の語順が正しいのですが、口語では左ページに紹介した文がよく使われます。

類別詞

1）類別詞の種類

日本語の助数詞（人、匹、個、本など）にあたるのが類別詞で、名詞の後に置いて名詞を数えるときに使いますが、数詞や名詞がなくても使われる点が日本語と異なります。「ビン、皿」など容器の単語が類別詞になるものもあります。類別詞が不明な場合、小さいものであれば **อัน** [ʔan アン]「個」を使いましょう。

例	日本語
ナッ(ク)リアン ヌン(グ) コン **นักเรียน 1 คน** nákrian nùŋ khon	学生1人 人
マー/スナッ(ク) ソーン(グ) トゥア **หมา/สุนัข 2 ตัว** măa/sùnák sɔ̌ɔŋ tua	犬2匹 動物、家具、服 （胴体、本体、身頃のあるもの）
ロッ(ト) サーム カン **รถ 3 คัน** rót sǎam khan	車3台 車、かさ、スプーン、フォーク
マムアン(グ) シー ルーッ(ク) **มะม่วง 4 ลูก** mámûaŋ sìi lûuk	マンゴー4個 果物、ボール、山 （丸いもの）
ディンソー ハー テーン(グ) **ดินสอ 5 แท่ง** dinsɔ̌ɔ hâa thɛ̂ɛŋ	鉛筆5本 鉛筆、チョーク （空洞でない棒状のもの）
ゲーオ ホッ(ク) バイ **แก้ว 6 ใบ** kɛ̂ɛw hòk bai	コップ6個 食器、切符、かばん、帽子 （葉状のもの ほか）

例		
ネッ(ク)タイ ジェッ(ト) セン **เนคไท 7 เส้น** nékthai jèt sên	**ネクタイ7本** ひも、糸、髪の毛、ネクタイ (細長いもの)	
グラダーッ(ト) ペーッ(ト) ペーン **กระดาษ 8 แผ่น** kradàat pèɛt phèɛn	**紙8枚** 紙、板 (板状のもの)	
パー ホム ガーオ プーン **ผ้าห่ม 9 ผืน** phâa hòm kâaw phɯ̌ɯn	**毛布9枚** タオル、スカーフ、ハンカチ (布状のもの)	
ビア シッ(プ) クアッ(ト) **เบียร์ 10 ขวด** bia sìp khùat	**ビール10本** 水、お茶、ジュース (ものが入っているビン、ペットボトル)	
ガーフェー シッ(プ) エッ(ト) トゥアイ **กาแฟ 11 ถ้วย** kaafɛɛ sìpʔèt thûay	**コーヒー11杯** 紅茶、ご飯 (ものが入っているカップ、茶わん)	
ナーム ポンラマーイ シッ(プ) ソーン(グ) ゲーオ **น้ำผลไม้ 12 แก้ว** náam phǒnlamáai sìpsɔ̌ɔŋ kɛ̂ɛw	**ジュース12杯** 水、牛乳、ビール、氷 (ものが入っているコップ、グラス)	
カーオパッ(ト) シッ(プ) サーム ジャーン **ข้าวผัด 13 จาน** khâawphàt sìpsǎam jaan	**チャーハン13皿** ご飯、焼きそば、サラダ (ものが入っている皿)	
グアイティアオ シッ(プ) シー チャーム **ก๋วยเตี๋ยว 14 ชาม** kǔaytǐaw sìpsìi chaam	**ラーメン14杯** カレー、スープ、かき氷 (ものが入っているどんぶり、鉢)	
ナームチャー シッ(プ) ハー グラッポン(グ) **น้ำชา 15 กระป๋อง** náam chaa sìphâa krapɔ̌ŋ	**お茶15缶(本)** 缶詰、コーヒー、ビール (ものが入っている缶)	

5 日常会話で文法を身につけよう

2）指示詞と類別詞

　類別詞がない場合は種類（Ｙシャツ、Ｔシャツなど）に言及し、類別詞がある場合はある特定のシャツを指します。

名詞（A）＋ 指示詞（B）　　　　ＢのＡ（Ａの種類）

例 เสื้อ นี้ ได้รับความนิยม ⓚ
　スア　ニー　ダーイラッ(プ)クワームニヨム ⓚ
　sŵa　níi　dâairápkhwaamníyom　ⓚ

➡ この（種類の）シャツは人気があります。

名詞（A）＋ 類別詞 ＋ 指示詞（B）　ＢのＡ（特定のＡ）

例 เสื้อ ตัว นี้ สกปรก ⓚ
　スア　トゥア　ニー　ソッ(ク)カプロッ(ク) ⓚ
　sŵa　tua　níi　sòkkapròk　ⓚ

➡ この（特定の）シャツは汚れています。

3）数詞と類別詞

通常は「名詞＋数詞＋類別詞」の順序ですが、「1」のみ、「名詞＋類別詞＋1」の順序になることもあります。

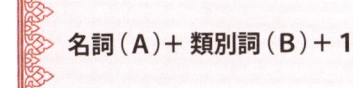

> 名詞（A）＋ 数詞 ＋ 類別詞（B）　　［数］BのA

例 ขนม สอง อัน ⓐ ➡ 2つのお菓子
カノム　ソーン(グ)　アン　Ⓚ
khanǒm　sɔ̌ɔŋ　ʔan　Ⓚ

> 名詞（A）＋ 類別詞（B）＋ 1　　［1］BのA

例 ขนม อัน หนึ่ง ⓐ ➡ 1つのお菓子
カノム　アン　ヌン(グ)　Ⓚ
khanǒm　ʔan　nɯ̀ŋ　Ⓚ

4）指示詞と数詞と類別詞

指示詞「この、その、あの」は最後に置きます。コップの類別詞は ใบ [bai バイ] ですが、小さくてさまざまな形のある食器などは類別詞 อัน [ʔan アン] を使ってもかまいません。

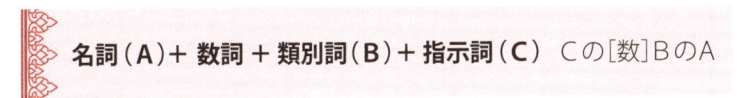

> 名詞（A）＋ 数詞 ＋ 類別詞（B）＋ 指示詞（C）　Cの［数］BのA

例 แก้ว 3 ใบ นี้ ⓐ ➡ この3つのコップ
ゲーオ　サーム　バイ　ニー　Ⓚ
kɛ̂ɛw　sǎam　bai　níi　Ⓚ

5) 名詞の省略

すでに話題になった明らかな名詞はしばしば省略されます。

名詞（A）＋ 類別詞 ＋ 指示詞（B）　　B

例 อัน นี้ ⓐ ➡ これ
アン ニー Ⓚ
ʔan níi Ⓚ

名詞（A）＋ 数詞 ＋ 類別詞（B）　　［数］B

例 3 อัน ⓐ ➡ 3つ
サーム アン Ⓚ
sǎam ʔan Ⓚ

名詞（A）＋ 数詞 ＋ 類別詞（B）＋ 指示詞（C）　　Cの［数］B

例 3 อัน นี้ ⓐ ➡ この3つ
サーム アン ニー Ⓚ
sǎam ʔan níi Ⓚ

疑問詞「いくつ」

数量をたずねる疑問詞には **เท่าไร** [thâwrài タオライ]「いくら、どれだけ」(P166) のほかに、**กี่** [kìi ギー]「いくつ」があり、後ろに必ず類別詞を伴います。

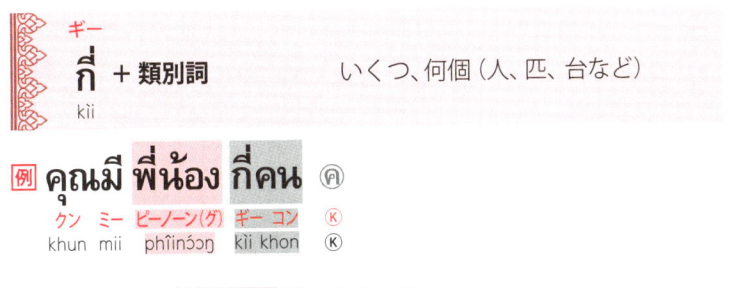

> ギー
> **กี่** ＋ 類別詞　　　いくつ、何個（人、匹、台など）
> kìi

例 คุณมี พี่น้อง กี่คน Ⓚ
クン ミー ピーノーン(グ) ギー コン Ⓚ
khun mii phîinɔ́ɔŋ kìi khon Ⓚ

→ あなたには何人兄弟がいますか？

ผมมีพี่น้อง สามคน Ⓚ
ポム ミー ピーノーン(グ) サーム コン Ⓚ
phǒm mii phîinɔ́ɔŋ sǎam khon Ⓚ

→ 私（男性）には3人兄弟がいます。

พี่ชาย หนึ่งคน น้องสาว สองคน Ⓚ
ピーチャーイ ヌン(グ) コン ノーン(グ)サーオ ソーン(グ) コン Ⓚ
phîichaay nɯ̀ŋ khon nɔ́ɔŋsǎaw sɔ̌ɔŋ khon Ⓚ

→ 兄が1人で妹が2人です。

依頼（1）「～をください」（ものを要求する）

ขอ [khɔ̌ɔ コー]「乞う」や เอา [ʔaw アオ]「要る」の後に名詞を置くと「～をください」と相手にものを要求します。追加するには อีก [ʔìik イーッ(ク)]「さらに～」を数字の前に置きます。

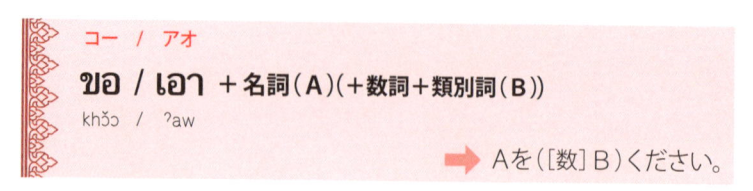

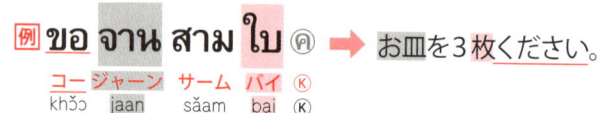

> コー / アオ
> **ขอ / เอา** + 名詞（A）(+数詞+類別詞（B）)
> khɔ̌ɔ / ʔaw
> ➡ Aを（[数]B）ください。

例 **ขอ จาน สาม ใบ** ⓐ ➡ お皿を3枚ください。
　　コー　ジャーン　サーム　バイ　ⓚ
　　khɔ̌ɔ　jaan　sǎam　bai　ⓚ

เอา ข้าวผัดไก่ สอง จาน ⓐ
アオ　カーオ パッ(ト) カイ　ソーン(グ) ジャーン ⓚ
ʔaw khâaw phàt kài　sɔ̌ɔŋ　jaan ⓚ

➡ チキンチャーハンを2人前ください。

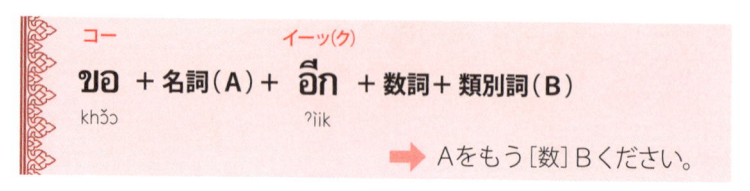

> コー　　　　　　イーッ(ク)
> **ขอ** + 名詞（A）+ **อีก** + 数詞+類別詞（B）
> khɔ̌ɔ　　　　　ʔìik
> ➡ Aをもう[数]Bください。

例 **ขอ เบียร์ อีก หนึ่ง ขวด** ⓐ ➡ ビールをもう1本ください。
　　コー　ビア　イーッ(ク)　ヌン(グ)　クアッ(ト)　ⓚ
　　khɔ̌ɔ　bia　ʔìik　nɯ̀ŋ　khùat　ⓚ

依頼(2)「～させてください」(自分が何かをしたい)

動詞の前に **ขอ** [khɔ̌ɔ コー]「乞う」を置くと、「私に～させてください」と自分が何かをしたいときに依頼する表現になります。依頼するときには文末に **หน่อย** [nɔ̀y ノイ]「ちょっと」をつけるとソフトな印象になります。相手に依頼する場合の表現はP224をご覧ください。

ขอ + 動詞(+目的語) + **หน่อย** ➡ ちょっと～させてください。
khɔ̌ɔ コー　　　　　　　　　　　nɔ̀y ノイ

例 ขอ ดู เมนูหน่อย ⓐ
コー ドゥー メーヌー　ノイ　ⓚ
khɔ̌ɔ duu meenuu　nɔ̀y　ⓚ

➡ ちょっとメニューを見せてください。

ขอใช้ ห้องน้ำหน่อย ⓐ
コー チャイ ホン(グ)ナーム　ノイ　ⓚ
khɔ̌ɔ chái hɔ̂ŋnáam　nɔ̀y　ⓚ

➡ ちょっとトイレを使わせてください。

ขอ ดู ห้องหน่อย ⓐ
コー ドゥー ホン(グ)　ノイ　ⓚ
khɔ̌ɔ duu hɔ̂ŋ　nɔ̀y　ⓚ

➡ ちょっと部屋を見せてください。

依頼(3)「～を試させてください」(自分が試したい)

ลอง [lɔɔŋ ローン(グ)]「試す」と **ดู** [duu ドゥー]「見る、～してみる」の間に動詞（＋目的語）を置くと、「～を試してみる」の意味になり、さらに **ขอ** [khɔ̌ɔ コー]「乞う」を **ลอง** [lɔɔŋ ローン(グ)]「試す」の前に置くと、「～を試させてください」となります。**ลอง** [lɔɔŋ ローン(グ)] と **ดู** [duu ドゥー] は一方を省略できます。

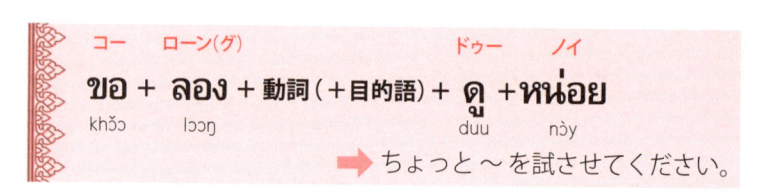

コー　　　ローン(グ)　　　　　　　　　　ドゥー　　ノイ
ขอ ＋ **ลอง** ＋ 動詞（＋目的語）＋ **ดู** ＋**หน่อย**
khɔ̌ɔ　　lɔɔŋ　　　　　　　　　　　　　duu　　　nɔ̀y

➡ ちょっと～を試させてください。

例 ขอลองใส่ดูหน่อย ⓐ

コー　ローン(グ)　サイ　ドゥー　ノイ　　Ⓚ
khɔ̌ɔ　lɔɔŋ　　sài　duu　nɔ̀y　　Ⓚ

➡ ちょっと試着させてください。

ขอลองชิม(ดู)หน่อย ⓐ

コー　ローン(グ)　チム　(ドゥー)　ノイ　　Ⓚ
khɔ̌ɔ　lɔɔŋ　　chim　(duu)　　nɔ̀y　　Ⓚ

➡ ちょっと試食させてください。

ขอ(ลอง)ดื่มดูหน่อย ⓐ

コー　(ローン(グ))　ドゥーム　ドゥー　ノイ　　Ⓚ
khɔ̌ɔ　(lɔɔŋ)　　dɯ̀ɯm　duu　nɔ̀y　　Ⓚ

➡ ちょっと試飲させてください。

話してみよう 🎧55

เสื้อยืดนี้มีกี่ตัว ⓐ
スア ユゥッ(ト) ニー ミー ギー トゥア ⓚ
sɨ̂a yɨ̂ɨɯt níi mii kìi tua ⓚ

「この**Tシャツ**は何枚ありますか？」

มี ห้า ตัว ⓐ
ミー ハー トゥア ⓚ
mii hâa tua ⓚ

「**5枚**あります」

ขอ ดู หน่อย ⓐ
コー ドゥー ノイ ⓚ
khɔ̌ɔ duu nɔ̀y ⓚ

「ちょっと**見せて**ください」

ขอ สาม ตัว ⓐ
コー サーム トゥア ⓚ
khɔ̌ɔ sǎam tua ⓚ

「**3枚**ください」

1個いくらですか？

กระเป๋านี้มี กี่ ใบ ⓒ
グラッパオ　　ニー ミー　ギー　バイ　Ⓚ
kràpǎw　　níi mii　kìi　bai　Ⓚ

「このかばんは何個ありますか？」

สอง ใบ เท่านั้น ⓒ
ソーン(グ)　バイ　　タオナン　　　Ⓚ
sɔ̌ɔŋ　　bai　　thâwnán　　Ⓚ

「2個だけです」

ใบ ละ เท่าไร ⓒ
バイ　ラ　　タオライ　Ⓚ
bai　lá　thâwrài　Ⓚ

「1個につきいくらですか？」

แปดร้อยห้าสิบ บาท ⓒ
ペーッ(ト) ローイ ハーシッ(プ)　　バーッ(ト)　Ⓚ
pɛ̀ɛt rɔ́ɔy hâasìp　　bàat　Ⓚ

「850バーツです」

words						
กระเป๋า	グラッパオ kràpăw	かばん		เท่านั้น	タオナン thâwnán	〜だけ
กี่	ギー kìi	いくつ		ละ	ラ lá	1個につき
ใบ	バイ bai	かばんの類別詞（〜個）		เท่าไร	タオライ thâwrài	いくら

「〜だけ」

เท่านั้น [thâwnán タオナン]「〜だけ」の表現を覚えましょう。

数詞 + 類別詞 + **เท่านั้น** (タオナン / thâwnán)　　〜だけ

例 **มี เสื้อ สีฟ้า กี่ ตัว** ⓚ

ミー スア シー ファー ギー トゥア ⓚ
mii sûa sǐi fáa kìi tua ⓚ

➡ 青色のシャツは何枚ありますか？

⊃ **สาม ตัว เท่านั้น** ⓚ

サーム トゥア タオナン ⓚ
sǎam tua thâwnán ⓚ

➡ 3枚だけです。

「～につき、～あたり」

1単位を表す **ละ** [lá ラ]「1～につき、1～あたり」は前に類別詞を伴いますが、その類別詞の前には数字をつけません。2つ以上は **ละ** [lá ラ]を使わずに、類別詞の前に数字をつけます。

類別詞 ＋ **ละ** (lá / ラ)	1～につき、1～あたり

例 **ตัว ละ กี่ บาท** ⓠ ➡ 1枚につき何バーツですか？
トゥア　ラ　ギー　バーツ(ト)　Ⓚ
tua　lá　kìi　bàat　Ⓚ

ตัว ละ สอง ร้อย บาท ⓠ ➡ 1枚につき200バーツです。
トゥア　ラ　ソーン(グ)　ローイ　バーツ(ト)　Ⓚ
tua　lá　sɔ̌ɔŋ　rɔ́ɔy　bàat　Ⓚ

เสื้อยืดนี้ สาม ตัวเท่าไร ⓠ
スア ユーッ(ト)　ニー　サーム　トゥア　タオライ　Ⓚ
sɯ̂a yɯ̂ɯt　níi　sǎam　tua　thâwrài　Ⓚ

➡ このTシャツは3枚いくらですか。

สาม ตัว สองร้อยเก้าสิบ บาท ⓠ
サーム　トゥア　ソーン(グ) ローイ カーオ シップ　バーツ(ト)　Ⓚ
sǎam　tua　sɔ̌ɔŋ rɔ́ɔy kâaw sìp　bàat　Ⓚ

➡ 3枚290バーツです。

話してみよう

ขอผ้าพันคอสีเขียว สาม ผืน ⓐ
khɔ̌ɔ　phâaphankhɔɔ　sǐi　khǐaw　sǎam　phɯ̌ɯn ⓚ

「緑色のスカーフを3枚ください」

มี เนคไท สี แดง กี่เส้น ⓐ
mii　nékthai　sǐi　dɛɛŋ　kìi　sên ⓚ

「赤色のネクタイは何本ありますか?」

หนึ่ง เส้น เท่านั้น ⓐ
nɯ̀ŋ　sên　thâwnán ⓚ

「1本だけです」

เส้นละหนึ่งพัน บาท ⓐ
sên　lá　nɯ̀ŋ　phan　bàat ⓚ

「1本につき1000バーツです」

実力アップ ④ 練習問題に挑戦！

次の文をタイ語にしてみましょう。

1 この皿はかなり高いです。

2 そのシャツは少し大きすぎます。

3 このお菓子はあまり甘くありません。

4 あれもタイ語の本ですか？

5 違います。あれは英語の本です。

6 あのTシャツはいくらですか？

7 赤色のスカーフは何枚ありますか？

8 2枚だけです。

解答

1 จาน(ใบ)นี้ค่อนข้าง แพง ⓒ
ジャーン (バイ) ニー コーンカーン(グ) ペーン(グ) ⓚ
jaan (bai) níi khɔ̂ɔnkhâaŋ phɛɛŋ ⓚ

2 เสื้อตัวนั้นใหญ่ ไป หน่อย ⓒ
スア トゥア ナン ヤイ パイ ノイ ⓚ
sɯ̂a tua nán yài pai nɔ̀y ⓚ

3 ขนมนี้ ไม่ค่อย หวาน ⓒ
カノム ニー マイ コイ ワーン ⓚ
khanǒm níi mâi khɔ̂y wǎan ⓚ

4 โน่น ก็ หนังสือ ภาษาไทย ใช่ไหม ⓒ
ノーン ゴー ナン(グ)スー パーサー タイ チャイ マイ ⓚ
nôon kɔ̂ɔ nǎŋsɯ̌ɯ phaasǎa thai châi mái ⓚ

5 ไม่ใช่ ⓒ   โน่นหนังสือ ภาษาอังกฤษ ⓒ
マイ チャイ ⓚ   ノーン ナン(グ)スー パーサー アン(グ)グリッ(ト) ⓚ
mâi châi ⓚ   nôon nǎŋsɯ̌ɯ phaasǎa ʔaŋkrìt ⓚ

6 เสื้อยืด ตัวโน้นเท่าไร ⓒ
スア ユーッ(ト) トゥア ノーン タオライ ⓚ
sɯ̂a yɯ̂ɯt tua nóon thâwrài ⓚ

7 ผ้าพันคอ สีแดงมีกี่ผืน ⓒ
パー パン コー シー デーン(グ) ミー ギー プーン ⓚ
phâa phan khɔɔ sǐi dɛɛŋ mii kìi phɯ̌ɯn ⓚ

8 สอง ผืน เท่านั้น ⓒ
ソーン(グ) プーン タオナン ⓚ
sɔ̌ɔŋ phɯ̌ɯn thâwnán ⓚ

4 レストラン

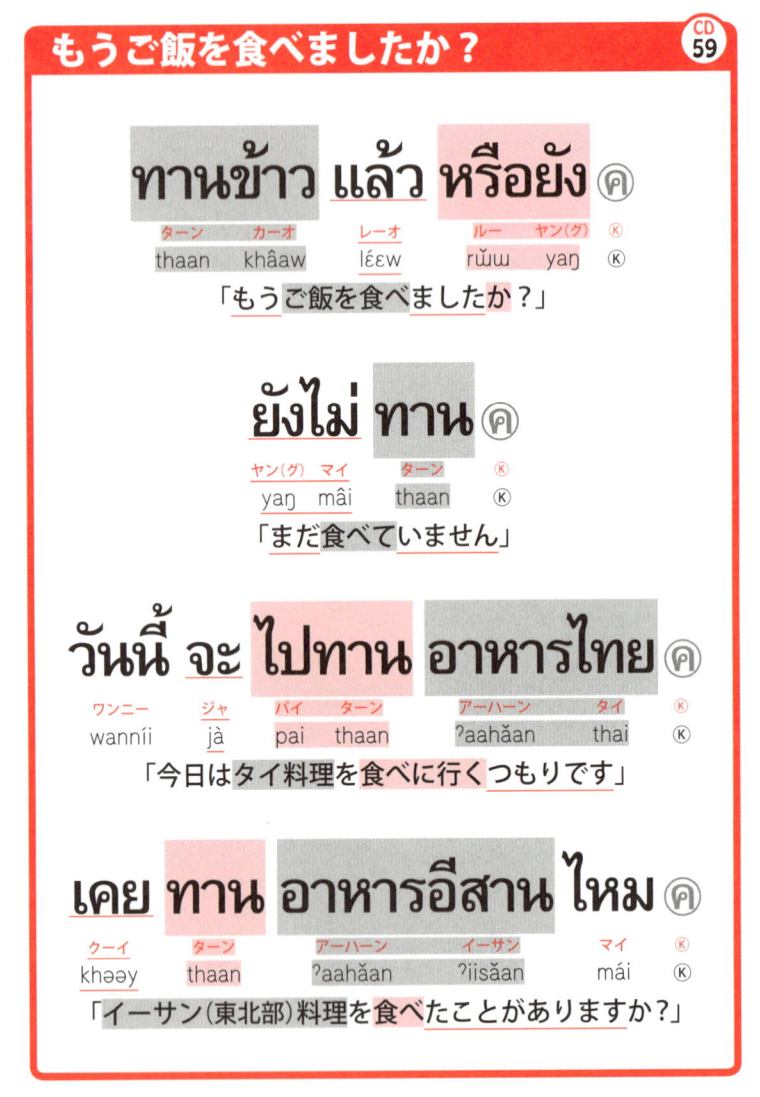

もうご飯を食べましたか？

ทานข้าว แล้ว หรือยัง ⓐ

thaan khâaw lέεw rɯ̌ɯ yaŋ ⓚ

「もうご飯を食べましたか？」

ยังไม่ ทาน ⓐ

yaŋ mâi thaan ⓚ

「まだ食べていません」

วันนี้ จะ ไปทาน อาหารไทย ⓐ

wanníi jà pai thaan ʔaahǎan thai ⓚ

「今日はタイ料理を食べに行くつもりです」

เคย ทาน อาหารอีสาน ไหม ⓐ

khəəy thaan ʔaahǎan ʔiisǎan mái ⓚ

「イーサン(東北部)料理を食べたことがありますか？」

words

ทาน	ターン thaan	食べる	วันนี้	ワンニー wanníi	今日
ข้าว	カーオ khâaw	ご飯	จะ	ジャ jà	〜するつもりです
แล้ว	レーオ lɛ́ɛw	もう〜しました	ไป	パイ pai	行く
ยัง	ヤン(グ) yaŋ	まだ、今のところ	อาหารไทย	アーハーン タイ ʔaahǎan thai	タイ料理
ไม่	マイ mâi	〜ない	เคย	クーイ khəəy	〜したことがあります
อาหารอีสาน	アーハーン イーサーン ʔaahǎan ʔiisǎan	イーサン(東北部)料理			

完了「もう〜した」「まだ〜していない」

　完了を表す **แล้ว** [lɛ́ɛw レーオ]「もう〜した」は動詞と目的語の後に置きます。疑問文には **หรือ**[rɯ̌ɯ ルー]「〜なのですか？」(P29)、**ใช่ไหม**[châi mái チャイマイ]「〜でしょう？／〜ですね？」(P30)のほかには、**หรือเปล่า** [rɯ̌ɯplàaw ルプラーオ]「〜か否か？」(P28)ではなく **หรือยัง** [rɯ̌ɯyaŋ ルーヤン(グ)]「(もう〜しましたか、)それともまだですか？」を使います。

　答えは、肯定は「動詞＋**แล้ว** [lɛ́ɛw レーオ]」ですが、否定は **ยัง** [yaŋ ヤン(グ)]「まだです」だけでもかまいません。

　ไม่ได้[mâi dâai マイ ダーイ]は「〜する機会がありません」の意味で、過去の動作を否定する場合によく使います。

肯定文	動詞（＋目的語）＋ **แล้ว** (レーオ / lɛ́ɛw)	もう～しました。
疑問文	動詞（＋目的語）＋ **แล้ว** (レーオ / lɛ́ɛw) ＋ **หรือยัง** (ルーヤン(グ) / rɯ̌ɯyaŋ)	もう～しましたか、それともまだですか？
疑問文	動詞（＋目的語）＋ **แล้ว** (レーオ / lɛ́ɛw) ＋ **หรือ** (ルー / rɯ̌ɯ)	もう～したのですか？
疑問文	動詞（＋目的語）＋ **แล้ว** (レーオ / lɛ́ɛw) ＋ **ใช่ไหม** (チャイ マイ / châi mái)	もう～したでしょう？もう～しましたね？
否定文	**ยัง ไม่ (ได้)** (ヤン(グ) マイ (ダーイ) / yaŋ mâi (dâai)) ＋動詞（＋目的語）	まだ～していません。
否定文	**ไม่ ได้** (マイ ダーイ / mâi dâai) ＋動詞（＋目的語）	～する機会がありません。～しませんでした。

例 **สั่ง (อาหาร) แล้วหรือยัง** ㋀
サン(グ) (アーハーン) レーオ ルー ヤン(グ) ㋖
sàŋ (ʔaahǎan) lɛ́ɛw rɯ̌ɯ yaŋ ㋖

➡ もう(料理を)注文しましたか？

○ **สั่งแล้ว** ㋀　　➡ 注文しました。
サン(グ) レーオ ㋖
sàŋ lɛ́ɛw ㋖

○ **ยังไม่ (ได้) สั่ง** ㋀ ➡ まだ注文していません。
ヤン(グ)マイ (ダーイ) サン(グ) ㋖
yaŋ mâi (dâai) sàŋ ㋖

○ **ไม่ ได้ สั่ง** ㋀　➡ (注文していないものが来たときに)
マイ ダーイ サン(グ) ㋖　　注文していません。
mâi dâai sàŋ ㋖

○ **อิ่มแล้วหรือ** ㋀ ➡ もうおなかがいっぱいなのですか？
イム レーオ ルー ㋖
ʔìm lɛ́ɛw rɯ̌ɯ ㋖

○ **อิ่มแล้ว** ㋀　　➡ もうおなかいっぱいです。
イム レーオ ㋖
ʔìm lɛ́ɛw ㋖

予定「〜します、〜するつもりです」

予定を表す จะ [jà ジャ]は動詞の前に置き、否定語 ไม่ [mâi マイ]は จะ [jà ジャ]の後に置きます。

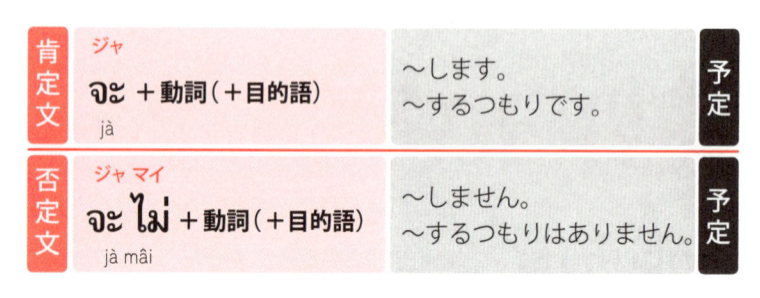

肯定文	ジャ จะ + 動詞（+目的語） jà	〜します。 〜するつもりです。	予定
否定文	ジャ マイ จะ ไม่ + 動詞（+目的語） jà mâi	〜しません。 〜するつもりはありません。	予定

例 จะกิน ที่ ร้านแผงลอย ⓚ

ジャ ギン ティー ラーン ペーン(グ) ローイ ⓚ
jà kin thîi ráan phěeŋ lɔɔy ⓚ

➡ 屋台で食べます。

เขา จะ แต่งงาน กับ คนไทย ⓚ

カオ ジャ テーンガーン ガッ(プ) コン タイ ⓚ
kháw jà tèeŋŋaan kàp khon thai ⓚ

➡ 彼はタイ人と結婚します。

พวกเขาจะไม่อยู่ที่ญี่ปุ่น ⓚ

プアッ(ク) カオ ジャ マイ ユー ティー イープン ⓚ
phûak kháw jà mâi yùu thîi yîipùn ⓚ

➡ 彼らは日本に住むつもりはありません。

経験「〜したことがあります」

経験を表す **เคย** [khəəy クーイ]は動詞の前に置き、否定語 **ไม่** [mâi マイ]は **เคย** [khəəy クーイ]の前に置きます。**ยัง** [yaŋ ヤン(グ)]「まだ〜」は省略できます。時の前置詞 **เมื่อ** [mûa ムア]「〜に」は「昨日」など過去に用い、現在や未来には用いません。

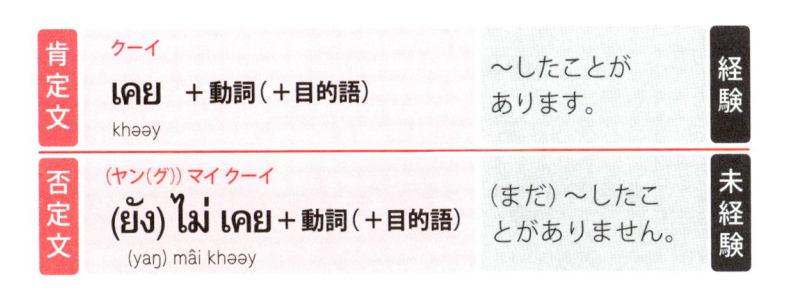

肯定文	クーイ **เคย** ＋動詞（＋目的語） khəəy	〜したことがあります。	経験
否定文	(ヤン(グ)) マイ クーイ **(ยัง) ไม่ เคย** ＋動詞（＋目的語） (yaŋ) mâi khəəy	(まだ)〜したことがありません。	未経験

例 เคย ดู รำไทย หรือเปล่า ⓐ

クーイ　ドゥー　ラムタイ　　ル　プラーオ　Ⓚ
khəəy　duu　ramthai　　rɯ́　plàaw　Ⓚ

➡ タイ舞踊を見たことがありますか？

⊙ **เคย** ⓐ　　➡ あります。

クーイ　Ⓚ
khəəy　Ⓚ

⊙ **ไม่ เคย** ⓐ　➡ ありません。

マイ　クーイ　Ⓚ
mâi　khəəy　Ⓚ

เคย ไป เชียงใหม่ ไหม ⓐ

クーイ　パイ　チャン(グ)マイ　マイ　Ⓚ
khəəy　pai　chiaŋmài　mái　Ⓚ

➡ チェンマイに行ったことがありますか？

⊃ เคยไปเมื่อปีที่แล้ว ⓐ

クーイ パイ ムア　ピー ティーレーオ　Ⓚ
khəəy pai mɯ̂a　pii thîilɛ́ɛw　Ⓚ

➡ 去年、行ったことがあります。

เคย ขี่ ช้าง ไหม ⓐ

クーイ キー　チャーン(グ)　マイ　Ⓚ
khəəy khìi　cháaŋ　mái　Ⓚ

➡ 象に乗ったことはありますか？

⊃ ยังไม่เคยขี่ ⓐ

ヤン(グ) マイ クーイ キー Ⓚ
yaŋ mâi khəəy khìi Ⓚ

➡ まだ乗ったことがありません。

何を食べたいですか？

อยากทานอะไร ⓐ

ヤーッ(ク)　ターン　アライ　ⓚ
yàak　thaan　ʔàrai　ⓚ

「何を食べたいですか？」

อาหารไทยหรืออาหารจีน ⓐ

アーハーン　タイ　ルー　アーハーン　ジーン　ⓚ
ʔaahăan　thai　rɯ̌ɯ　ʔaahăan　jiin　ⓚ

「タイ料理ですか、それとも中華料理ですか？」

ชอบอาหารไทยแต่ไม่ค่อยชอบผักชี ⓐ

チョーッ(プ)　アーハーン　タイ　テー　マイ　コイ　チョーッ(プ)　パッ(ク)チー ⓚ
chɔ̂ɔp　ʔaahăan　thai　tɛ̀ɛ　mâi　khôy　chɔ̂ɔp　phàkchii ⓚ

「タイ料理は好きですが、香菜はあまり好きではありません」
パクチー

ร้านอาหารนี้ถูกและอร่อย ⓐ

ラーン　アーハーン　ニー　トゥーッ(ク)　レ　アロイ　ⓚ
ráan　ʔaahăan　níi　thùuk　lɛ́　ʔarɔ̀y　ⓚ

「このレストランは安くておいしいです」

words

タイ語	カナ	意味	タイ語	カナ	意味
อยาก(จะ)	ヤーッ(ク)(ジャ) yàak(jà)	したい	แต่	テー tɛ̀ɛ	しかし、でも
ทาน	ターン thaan	食べる	ไม่ค่อย	マイ コイ mâi khôy	あまり〜ではない
อะไร	アライ ʔarai	何	ผักชี	パッ(ク)チー phàkchii	香菜、パクチー
อาหารไทย	アーハーン タイ ʔaahǎan thai	タイ料理	ร้านอาหาร	ラーン アーハーン ráan ʔaahǎan	レストラン
หรือ	ルー rɯ̌ɯ	それとも、あるいは	ถูก	トゥーッ(ク) thùuk	安い
อาหารจีน	アーハーン ジーン ʔaahǎan jiin	中華料理	และ	レ lɛ́	〜と…、そして
ชอบ	チョーッ(プ) chɔ̂ɔp	好きな	อร่อย	アロイ ʔarɔ̀y	おいしい

接続詞「そして、しかし、それとも」

語、句、文を対等な関係で結びつける接続詞を学びましょう。

接続詞 1	**และ** レ lɛ́	〜と…、そして

接続詞 2	**แต่** テー tɛ̀ɛ	しかし、でも

接続詞 3	**หรือ** ルー rɯ̌ɯ	それとも、あるいは

接続詞 1

例 ขอนี่และนั่น ⓐ ➡ これとそれをください。
コー ニー レ ナン Ⓚ
khɔ̌ɔ nîi lɛ́ nân Ⓚ

ขอจานแบ่งและแก้ว ⓐ ➡ 取り皿とコップをください。
コー ジャーン ベン(グ) レ ケーオ Ⓚ
khɔ̌ɔ jaan bɛ̀ɛŋ lɛ́ kɛ̂ɛw Ⓚ

นี่ มะพร้าวและมังคุด ⓐ
ニー マップラーオ レ マン(グ)クッ(ト) Ⓚ
nîi máphráaw lɛ́ maŋkhút Ⓚ

➡ これはココナツとマンゴスチンです。

接続詞 2

例 กุ้งเผานี้ เล็ก แต่ แพง ⓐ
クン(グ) パオ ニー レッ(ク) テー ペーン(グ) Ⓚ
kûŋ phǎw níi lék tɛ̀ɛ phɛɛŋ Ⓚ

➡ この焼きエビは小さいけれど高いです。

接続詞 3

例 นี่เกลือหรือน้ำตาล ⓐ
ニー クルア ルー ナームターン Ⓚ
nîi klɯa rɯ̌ɯ náamtaan Ⓚ

➡ これは塩ですか、それとも砂糖ですか？

希望・要求「～したい」

อยาก(จะ) [yàak(jà) ヤーッ(ク)(ジャ)]「～したい」は、動詞の前に置きます。**จะ** [jà ジャ] は省略してもかまいません。

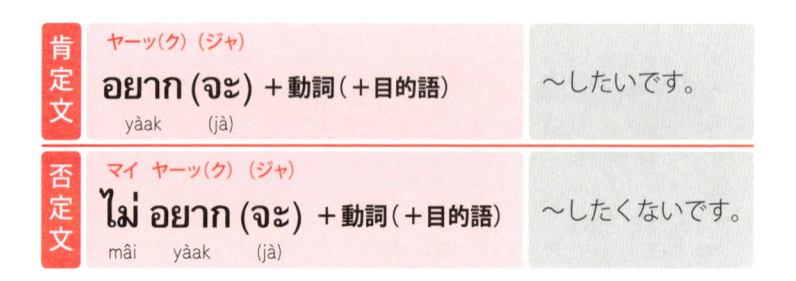

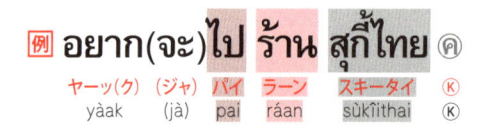

肯定文	ヤーッ(ク)(ジャ) **อยาก (จะ)** ＋動詞（＋目的語） yàak (jà)	～したいです。
否定文	マイ ヤーッ(ク)(ジャ) **ไม่ อยาก (จะ)** ＋動詞（＋目的語） mâi yàak (jà)	～したくないです。

例 **อยาก(จะ)ไป ร้าน สุกี้ไทย** ⓒ

ヤーッ(ク) (ジャ) パイ ラーン スキータイ Ⓚ
yàak (jà) pai ráan sùkîithai Ⓚ

➡ タイスキの店に行きたいです。

อยาก(จะ) จอง ห้อง ⓒ

ヤーッ(ク) (ジャ) ジョーン(グ) ホン(グ) Ⓚ
yàak (jà) jɔɔŋ hôŋ Ⓚ

➡ 部屋を予約したいです。

อยาก(จะ) แลก เงินเยน เป็นเงินบาท ⓒ

ヤーッ(ク) (ジャ) レーッ(ク) (ン)グン イェーン ペン (ン)グン バーッ(ト) Ⓚ
yàak (jà) lɛ̂ɛk ŋən yeen pen ŋən bàat Ⓚ

➡ 円をバーツに両替したいです。

ไม่อยาก(จะ) กิน อาหาร ประเภทเนื้อ ⓒ

マイ ヤーッ(ク) (ジャ) ギン アーハーン プラペー ッ(ト) ヌア ⓚ
mâi yàak (jà) kin ʔaahăan pràphêet núɯa ⓚ

➡ 肉料理は食べたくないです。

ไม่อยาก(จะ) ไป โดย รถแท็กซี่ ⓒ

マイ ヤーッ(ク) (ジャ) パイ ドーイ ロッ(ト)テクシー ⓚ
mâi yàak (jà) pai dooy rótthéksîi ⓚ

➡ タクシーで行きたくないです。

203

話してみよう 🅲🅳61

นั่นยำวุ้นเส้นและผัดผักบุ้ง ⓐ

nân　yamwúnsên　lɛ́　phàtphàkbûŋ　Ⓚ
ナン　ヤムウンセン　レ　パッ(ト)パッ(ク)ブン(グ)　Ⓚ

「それは春雨サラダと空芯菜炒めです」

แกงนี้อร่อยแต่เผ็ด ⓐ

kɛɛŋ　níi　ʔarɔ̀y　tɛ̀ɛ　phèt　Ⓚ
ゲーン(グ)　ニー　アロイ　テー　ペッ(ト)　Ⓚ

「このカレーはおいしいけれど、辛いです」

นั่นกาแฟหรือชาฝรั่ง ⓐ

nân　kaafɛɛ　rɯ̌ɯ　chaa　faràŋ　Ⓚ
ナン　ガーフェー　ルー　チャー　ファラン(グ)　Ⓚ

「それはコーヒーですか、それとも紅茶ですか？」

นั่นกาแฟ ⓐ

nân　kaafɛɛ　Ⓚ
ナン　ガーフェー　Ⓚ

「それはコーヒーです」

いつ行きますか？

จะไปเมื่อไร ⓚ
ジャ バイ ムアライ ⓚ
jà pai mûarài ⓚ

「いつ行きますか？」

ไปวันที่สิบสองเดือนเมษายน ⓚ
バイ ワンティー シッ(プ) ソーン(グ) ドゥアン メーサーヨン ⓚ
pai wanthîi sìp sɔ̌ɔŋ dɯan meesǎayon ⓚ

「4月12日に行きます」

กี่โมง ⓚ
ギー モーン(グ) ⓚ
kìi mooŋ ⓚ

「何時ですか？」

หนึ่งทุ่ม ⓚ
ヌン(グ) トゥム ⓚ
nɯ̀ŋ thûm ⓚ

「午後7時です」

words						
	เมื่อไร	ムアライ mûarài	いつ	กี่	ギー kìi	いくつ
	วันที่	ワンティー wanthîi	日	โมง	モーン(グ) mooŋ	時
	เดือนเมษายน	ドゥアン メーサーヨン dɯan meesǎayon	4月	ทุ่ม	トゥム thûm	午後7〜11時の時間帯

疑問詞「いつ」

疑問詞 **เมื่อไร** [mûarài ムアライ]「いつ」の位置によって、文の意味が異なることに注意しましょう。

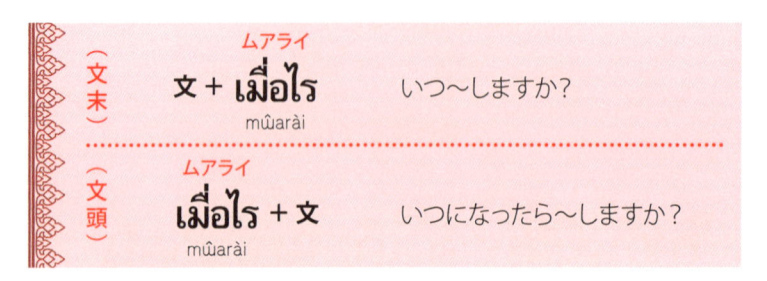

（文末）	文 + **เมื่อไร** [mûarài ムアライ]	いつ〜しますか？
（文頭）	**เมื่อไร** [mûarài ムアライ] + 文	いつになったら〜しますか？

例 **จะไปทาน ขันโตกเมื่อไร**
ジャ パイ ターン カントーッ(ク) ムアライ
jà pai thaan khăntòok mûarài

➡ いつカントーク料理（北部の宴席料理）を食べに行きますか？

➡ **จะไปทาน คืนนี้**
ジャ パイ ターン クーン ニー
jà pai thaan khɯɯn níi

➡ 今晩、食べに行くつもりです。

เมื่อไร รถ จะ ออก
ムアライ ロッ(ト) ジャ オーッ(ク)
mûarài rót jà ʔɔ̀ɔk

➡ いつになったら車は出発するのですか？

➡ อีก หนึ่ง ชั่วโมง ㋐

イー(ク) ヌン(グ) チュアモーン(グ) Ⓚ
ʔìik nʉ̀ŋ chûamoon Ⓚ

➡ あと1時間です。

🏵 日にち

日にちは **วันที่** [wanthîi ワンティー]「～番目の日」の後に疑問詞 **เท่าไร** [thâwrài タオライ]「いくつ」を置いてたずねます。「年月日」は日本と逆で「日月年」の順番です。

例 วันที่ เท่าไร ㋐

ワンティー タオライ Ⓚ
wanthîi thâwrài Ⓚ

➡ 何日ですか?

➡ วันที่ ยี่สิบ เดือน สิงหาคม ㋐

ワンティー イーシッ(プ) ドゥアン シン(グ)ハーコム Ⓚ
wanthîi yîisìp dʉan sǐŋhǎakhom Ⓚ

➡ 8月20日です。

🏵 曜日

曜日や「～の日」は **วัน** [wan ワン]「日」の後に疑問詞 **อะไร** [ʔàrai アライ]「何」を用いてたずねます。曜日は P87 を参照してください。

例 **วันอะไร** ⓐ ➡ (1) 何曜日ですか?
ワン　アライ　Ⓚ　　　　(2) 何の日ですか?
wan　ʔàrai　Ⓚ

➡ **วันอาทิตย์** ⓐ ➡ (1) 日曜日です。
ワン　アーティッ(ト)　Ⓚ
wan　ʔaathít　Ⓚ

➡ **วันสงกรานต์** ⓐ ➡ (2) タイの旧正月(ソンクラーン)です。
ワン　ソン(グ)クラーン　Ⓚ
wan　sǒŋkraan　Ⓚ

🏵 月

疑問詞 **อะไร** [ʔàrai アライ]「何」を用いてたずねます。月は P86 を参照してください。

例 **เดือนอะไร** ⓐ ➡ 何月ですか?
ドゥアン　アライ　Ⓚ
dɯan　ʔàrai　Ⓚ

➡ **เดือนพฤษภาคม** ⓐ ➡ 5月です。
ドゥアン　プルサパーコム　Ⓚ
dɯan　phrɯ́saphaakhom　Ⓚ

年

タイでは仏暦が使われています。仏暦は西暦プラス543年です。**พ.ศ.** [phɔɔ sɔ̆ɔ ポー ソー]「仏暦」と **ค.ศ.** [khɔɔ sɔ̆ɔ コー ソー]「西暦」の前の **ปี** [pii ピー]「年」は省略してもかまいません。

例 ปี พ.ศ. / ค.ศ. เท่าไร → 仏暦/西暦何年ですか？

(ピー) ポー ソー / コー ソー タオライ
(pii) phɔɔ sɔ̆ɔ / khɔɔ sɔ̆ɔ thâwrài

➡ ปีพ.ศ.สองพันห้าร้อยสี่สิบสาม → 仏暦2543年です。

(ピー) ポー ソー ソン(グ) パン ハー ローイ シー シッ(プ) サーム
(pii) phɔɔ sɔ̆ɔ sɔ̆ɔŋ phan hâa rɔ́ɔy sìi sìp sǎam

➡ ปีค.ศ.สองพัน → 西暦2000年です。

(ピー) コー ソー ソーン(グ) パン
(pii) khɔɔ sɔ̆ɔ sɔ̆ɔŋ phan

....

คุณ เกิด เมื่อไร → あなたのお誕生日はいつですか？

クン グーッ(ト) ムアライ
khun kə̀ət mɯ̂arài

➡ วันที่ 1 มีนาคม ค.ศ. 1997

ワンティー ヌン(グ) ミーナーコム コー ソー ヌン(グ) パンカーオ ローイ カーオ シッ(プ) ジェッ(ト)
wanthîi nɯ̀ŋ miinaakhom khɔɔ sɔ̆ɔ nɯ̀ŋ phan kâaw rɔ́ɔy kâaw sìp jèt

➡ 西暦1997年3月1日です。

期間

期間をたずねるには、疑問詞 **กี่** [kìi ギー]「いくつ」と **ชั่วโมง** [chûamooŋ チュアモーン(グ)]「時間」、**วัน** [wan ワン]「日」、**อาทิตย์** [ʔaathít アーティッ(ト)]「週」、**เดือน** [dɯan ドゥアン]「月」、**ปี** [pii ピー]「年」を組み合わせます。

กี่ชั่วโมง ⓐ　何時間ですか？
ギー チュアモーン(グ) Ⓚ
kìi chûamooŋ Ⓚ

➡ **สี่ชั่วโมง** ⓐ　4時間です。
シー チュアモーン(グ) Ⓚ
sìi chûamooŋ Ⓚ

กี่วัน ⓐ　何日間ですか？
ギー ワン Ⓚ
kìi wan Ⓚ

➡ **สามวัน** ⓐ　3日間です。
サーム ワン Ⓚ
sǎam wan Ⓚ

กี่อาทิตย์ ⓐ　何週間ですか？
ギー アーティッ(ト) Ⓚ
kìi ʔaathít Ⓚ

➡ **สองอาทิตย์** ⓐ　2週間です。
ソーン(グ) アーティッ(ト) Ⓚ
sɔ̌ɔŋ ʔaathít Ⓚ

กี่เดือน ⓐ　何か月間ですか？
ギー ドゥアン Ⓚ
kìi dɯan Ⓚ

➡ **หนึ่งเดือน** ⓐ　1か月間です。
ヌン(グ) ドゥアン Ⓚ
nɯ̀ŋ dɯan Ⓚ

กี่ปี ⓐ　何年間ですか？
ギー ピー Ⓚ
kìi pii Ⓚ

➡ **ห้าปี** ⓐ　5年間です。
ハー ピー Ⓚ
hâa pii Ⓚ

ใช้เวลาประมาณเท่าไร ⓐ
チャイ ウェーラー プラマーン タオライ Ⓚ
chái weelaa pràmaan thâwrài Ⓚ
どのくらい時間がかかりますか？

時刻のたずね方

時刻をたずねるには、疑問詞 **กี่** [kìi ギー]「いくつ」と **โมง** [mooŋ モーン(グ)]「時」を組み合わせます。

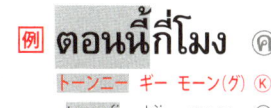

例 **ตอนนี้กี่โมง**
トーンニー ギー モーン(グ)
tɔɔnníi kìi mooŋ

➡ 今、何時ですか？

時刻

時刻は、午前1～5時は「**ตี** [tii ティー]○」、午前6～11時は「○**โมงเช้า** [mooŋcháaw モーン(グ)チャーオ]」、午後1～3時は「**บ่าย**○**โมง** [bàay○mooŋ バーイ○モーン(グ)]」、午後4～6時は「○**โมงเย็น** [mooŋyen モーン(グ)イェン]」、午後7～11時は「○**ทุ่ม** [thûm トゥム]」と言います。○には数詞が入ります。

โมง [mooŋ モーン(グ)]は「ドラの音」、**ทุ่ม** [thûm トゥム]は「太鼓の音」の意味ですが、これは時計のない時代に昼間はドラ、夜間は太鼓の音で時刻を知らせたためと言われています。午前7～11時は時間通りの数字のほかに、1～5の数字を使った言い方もあります。ちなみに、**เช้า** [cháaw チャーオ]は「朝」、**บ่าย** [bàay バーイ]は「日が傾く」、**เย็น** [yen イェン]は「涼しい」という意味です。午後1時の **หนึ่ง** [nùŋ ヌン(グ)]「1」はしばしば省略されます。**นาที** [naathii ナーティー]「分」は時間の後にきます。**สามสิบนาที** [săam sìp naathii サーム シッ(プ) ナーティー]「30分」は **ครึ่ง** [khrûŋ クルン(グ)]「半」とも言います。

時刻 เวลา _{ウェーラー} weelaa

※午後1時の( )内の数字はしばしば省略されます。
※A/Bは、AとBどちらでも同じ意味になります。

午前

0	เที่ยงคืน	ティアン(グ)クーン	thîaŋkhɯɯn
1	ตีหนึ่ง	ティー ヌン(グ)	tii nɯ̀ŋ
2	ตีสอง	ティー ソーン(グ)	tii sɔ̌ɔŋ
3	ตีสาม	ティー サーム	tii sǎam
4	ตีสี่	ティー シー	tii sìi
5	ตีห้า	ティー ハー	tii hâa
6	หกโมงเช้า	ホッ(ク) モーン(グ)チャーオ	hòk mooŋcháaw
7	เจ็ด/หนึ่ง โมงเช้า	ジェッ(ト)/ヌン(グ) モーン(グ)チャーオ	jèt/nɯ̀ŋ mooŋcháaw
8	แปด/สอง โมงเช้า	ペッ(ト)/ソーン(グ) モーン(グ)チャーオ	pɛ̀ɛt/sɔ̌ɔŋ mooŋcháaw
9	เก้า/สาม โมงเช้า	カーオ/サーム モーン(グ)チャーオ	kâaw/sǎam mooŋcháaw
10	สิบ/สี่ โมงเช้า	シッ(プ)/シー モーン(グ)チャーオ	sìp/sìi mooŋcháaw
11	สิบเอ็ด/ห้า โมงเช้า	シッ(プ)エッ(ト)/ハーモーン(グ)チャーオ	sìpʔèt/hâa mooŋcháaw

※タイ文字と発音記号の赤字は数字です。

午後				
	正午	เที่ยงวัน	ティアン(グ)ワン thîaŋwan	
	1	บ่าย(หนึ่ง)โมง	バーイ (ヌン(グ)) モーン(グ) bàay (nɯ̀ŋ) mooŋ	
	2	บ่ายสองโมง	バーイ ソーン(グ) モーン(グ) bàay sɔ̌ɔŋ mooŋ	
	3	บ่ายสามโมง	バーイ サーム モーン(グ) bàay sǎam mooŋ	
	4	สี่โมงเย็น	シー モーン(グ)イェン sìi mooŋyen	
	5	ห้าโมงเย็น	ハー モーン(グ)イェン hâa mooŋyen	
	6	หกโมงเย็น	ホッ(ク) モーン(グ)イェン hòk mooŋyen	
	7	หนึ่งทุ่ม	ヌン(グ) トゥム nɯ̀ŋ thûm	
	8	สองทุ่ม	ソーン(グ) トゥム sɔ̌ɔŋ thûm	
	9	สามทุ่ม	サーム トゥム sǎam thûm	
	10	สี่ทุ่ม	シー トゥム sìi thûm	
	11	ห้าทุ่ม	ハー トゥム hâa thûm	

例 เปิด(ร้าน)กี่โมง ⓚ
プーッ(ト)(ラーン) ギー モーン(グ) ⓚ
pə̀ət (ráan)   kìi   mooŋ ⓚ

➡ 何時にオープン(開店)しますか?

⊃ สิบ/สี่โมงเช้า ⓚ   ➡ 午前10時です。
シッ(プ)/シー モーン(グ)チャーオ ⓚ
sìp/sìi mooŋcháaw ⓚ

ปิด(ร้าน)กี่โมง ⓚ
ピッ(ト)(ラーン) ギー モーン(グ) ⓚ
pìt (ráan)   kìi   mooŋ ⓚ

➡ 何時にクローズ(閉店)しますか?

⊃ สองทุ่มครึ่ง/สามสิบนาที ⓚ
ソーン(グ) トゥム クルン(グ)/サーム シッ(プ) ナーティー ⓚ
sɔ̌ɔŋ thûm   khrŵŋ/sǎam sìp   naathii ⓚ

➡ 午後8時半/30分です。

ใช้เวลาประมาณเท่าไร ⓚ
チャイ ウェーラー プラマーン タオライ ⓚ
chái weelaa   pràmaan thâwrài ⓚ

➡ どれくらい時間がかかりますか?

⊃ สิบห้านาที ⓚ   ➡ 15分です。
シッ(プ) ハー ナーティー ⓚ
sìp hâa naathii ⓚ

この青パパイヤのサラダは一番辛いです 🎵64

แกงเขียวหวานกับต้มยำกุ้งเผ็ดพอๆกัน Ⓐ

ゲーン(グ)キアオワーン　　ガッ(プ)　トムヤムクン(グ)　ペッ(ト) ポー ポー ガン Ⓚ
kɛɛŋkhǐawwǎan　　kàp　tômyamkûŋ　phèt phɔɔ phɔɔ kan Ⓚ

「グリーンカレーとトムヤムクンは同じくらい辛いです」

อาหารนี้ไม่เผ็ดเท่าอาหารนั้น Ⓐ

アーハーン　ニー　マイ　ペッ(ト)　タオ　アーハーン　ナン　Ⓚ
ʔaahǎan　níi　mâi　phèt　thâw　ʔaahǎan　nán　Ⓚ

「この料理はその料理ほど辛くないです」

ยำทะเลนั้นเผ็ดกว่า Ⓐ

ヤムタレー　　ナン　ペッ(ト)　グワー　Ⓚ
yamthálee　nán　phèt　kwàa　Ⓚ

「そのシーフードサラダはもっと辛いです」

ส้มตำนี้เผ็ดที่สุด Ⓐ

ソムタム　ニー　ペッ(ト)　ティースッ(ト)　Ⓚ
sômtam　níi　phèt　thîisùt　Ⓚ

「この青パパイヤのサラダは一番辛いです」

words			
แกงเขียวหวาน	ゲーン(グ)キアオワーン kɛɛŋkhǐawwǎan	グリーンカレー	
A กับ B ~พอๆกัน	ガッ(プ) ポー ポー ガン A kàp B ~phɔɔ phɔɔ kan	AはBと同じくらい~です。	
ต้มยำกุ้ง	トムヤムグン(グ) tômyamkûŋ	トムヤムクン （エビスープ）	เผ็ด ペッ(ト) phèt 辛い
A ไม่ ~เท่า B	マイ タオ A mâi ~ thâw B	AはBほど~ではありません。	
ยำทะเล	ヤムタレー yamthálee	シーフード サラダ	ส้มตำ ソムタム sômtam 青パパイヤ のサラダ
~กว่า	グワー kwàa	もっと~、 より~	~ที่สุด ティースッ(ト) thîisùt 一番~

同等

「AとBが同じくらい~です」の表現は次の2通りあります。

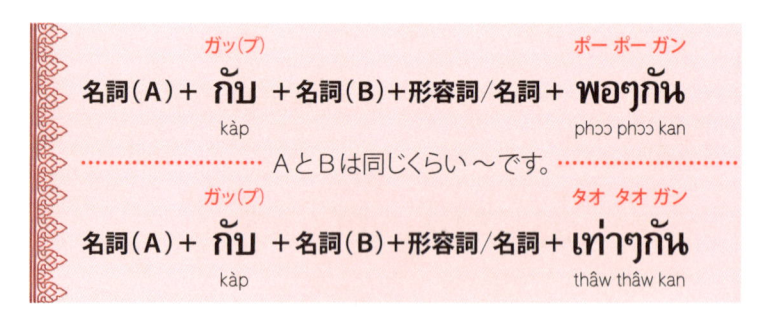

ガッ(プ)　　　　　　　　　　　　　　　　　ポー ポー ガン
名詞(A)+ กับ +名詞(B)+形容詞/名詞+ พอๆกัน
　　　　　　kàp　　　　　　　　　　　　　　phɔɔ phɔɔ kan

……………… AとBは同じくらい~です。………………

ガッ(プ)　　　　　　　　　　　　　　　　　タオ タオ ガン
名詞(A)+ กับ +名詞(B)+形容詞/名詞+ เท่าๆกัน
　　　　　　kàp　　　　　　　　　　　　　　thâw thâw kan

例 **ยำเนื้อย่างกับยำทะเลราคาเท่าๆกัน**

ヤムヌアヤーン(グ) ガッ(プ) ヤムタレー ラーカー タオ タオ ガン
yamnɯ́ayâaŋ　kàp　yamthálee　raakhaa　thâw thâw kan

➡ 焼肉サラダとシーフードサラダは同じくらいの値段です。

同等の否定

同等の否定表現は次の通りです。

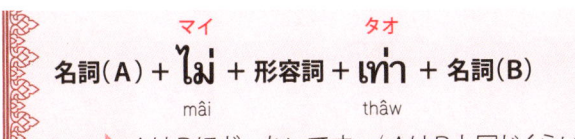

名詞（A）＋ **ไม่**（マイ／mâi）＋ 形容詞 ＋ **เท่า**（タオ／thâw）＋ 名詞（B）

➡ AはBほど〜ないです。／ AはBと同じくらい〜ないです。

例 **หนังสือนี้ไม่ยากเท่าหนังสือนั้น** ⓐ

ナン(グ)スー ニー マイ ヤーッ(ク) タオ ナン(グ)スー ナン Ⓚ
nǎŋsɯ̌ɯ níi mâi yâak thâw nǎŋsɯ̌ɯ nán Ⓚ

➡ この本はその本ほど難しくないです。

比較級

比較の対象が明らかな場合は名詞（B）は省略できます。

名詞（A）＋形容詞＋ **กว่า**（グワー／kwàa）
　Aはより（もっと）〜です。
　Aのほうが〜です。

名詞（A）＋形容詞＋ **กว่า**（グワー／kwàa）＋ 名詞（B）
　AはBより〜です。

例 **นี่ดีกว่า** ⓐ

ニー ディー グワー Ⓚ
nîi dii kwàa Ⓚ

➡ これはもっといいです。／このほうがいいです。

ขนมไทย **หวานกว่าขนมญี่ปุ่น** ㋐

カノム タイ　　ワーン　グワー　カノム イープン　Ⓚ
khanŏm thai　wăan　kwàa　khanŏm yîipùn　Ⓚ

➡ タイのお菓子は日本のお菓子より甘いです。

❀ 最上級

　最上級を表す文の後に「**ใน** [nai ナイ]＋場所」をつけると「〜の中で」と場所を限定します。

　　　　　　　　　　　　ティースッ(ト)　ナイ
名詞（A）＋形容詞＋ ที่สุด （＋ ใน ＋ 場所）
　　　　　　　　　　　thîisùt　　　nai

➡ Aは（〜の中で）一番〜です。

例 **ร้านอาหารญี่ปุ่นนั้น** **อร่อยที่สุดในเมืองไทย** ㋐

ラーン アーハーン イープン ナン　アロイ ティースッ(ト) ナイ ムアン(グ) タイ　Ⓚ
ráan ʔaahăan yîipùn nán　ʔarɔ̀y　thîisùt　nai　mɯaŋ thai　Ⓚ

➡ その日本料理店はタイの中で一番おいしいです。

話してみよう 🎧65

เบียร์ไทยกับเบียร์ญี่ปุ่น ขมพอๆกัน ⓒ

ビア タイ　ガッ(プ)　ビア イープン　コム　ポー ポー ガン ⓚ
bia thai　kàp　bia yîipùn　khǒm phɔɔ phɔɔ kan ⓚ

「タイのビールと日本のビールは同じくらい苦いです」

ค่าแท็กซี่ แพงกว่าค่ารถไฟฟ้าบีทีเอส ⓒ

カー　テッ(ク)シー　ペーン(グ)　グワー　カー ロッ(ト) ファイファー ビーティーエーッ(ト) ⓚ
khâa thɛ́ksîi　phɛɛŋ kwàa khâa rót faifáa bii thii ʔéet ⓚ

「タクシー代はBTS電車代より(値段が)高いです」

กระเป๋าใบนี้ สวยที่สุด ⓒ

グラッパオ バイ ニー　スアイ ティースッ(ト) ⓚ
kràpǎw bai níi　sǔay thîisùt ⓚ

「このかばんは一番きれいです」

ของร้านนี้ ถูกที่สุดในกรุงเทพฯ ⓒ

コーン(グ) ラーン ニー　トゥーッ(ク) ティースッ(ト) ナイ　グルン(グ)テー(プ) ⓚ
khɔ̌ɔŋ ráan níi　thùuk thîisùt nai　kruŋthêep ⓚ

「この店の品物はバンコクの中で一番安いです」

私は辛い料理を食べられます

ดิฉันทานอาหารเผ็ดได้ ⓒ

ディチャン / ターン / アーハーン / ペッ(ト) / ダーイ ⓚ
dichán / thaan / ʔaahǎan / phèt / dâai ⓚ

「**私(女性)**は**辛い料理**を**食べられます**」

เขาทานทุเรียนไม่ได้ ⓒ

カオ / ターン / トゥリアン / マイ / ダーイ ⓚ
kháw / thaan / thúrian / mâi / dâai ⓚ

「**彼女**は**ドリアン**が**食べられません**」

ช่วยหรี่แอร์หน่อย ⓒ

チュアイ / リー / エー / ノイ ⓚ
chûay / rìi / ʔɛɛ / nɔ̀y ⓚ

「少し**冷房**を**弱くしてください**」

ช่วยหยิบเกลือให้หน่อยได้ไหม ⓒ

チュアイ / イッ(プ) / クルア / ハイ / ノイ / ダーイ / マイ ⓚ
chûay / yìp / klɯa / hâi / nɔ̀y / dâai / mái ⓚ

「ちょっと**塩**を**とってもらえますか?**」

words						
ได้	ダーイ dâai	〜できる		หน่อย	ノイ nɔ̀y	少し、ちょっと
ทุเรียน	トゥリアン thúrian	ドリアン		หยิบ	イッ(プ) yìp	とる
ไม่ได้	マイ ダーイ mâi dâai	〜できない		เกลือ	クルア klɯa	塩
ช่วย	チュアイ chûay	〜してください、助ける		ให้	ハイ hâi	（私のために）〜してください
หรี่	リー rìi	弱く		ได้ไหม	ダーイ マイ dâai mái	〜できますか？
แอร์	エー ʔɛɛ	冷房、エアコン				

可能・許可「〜できる」「〜してもいいですか？」

ได้ [dâai ダーイ]「〜できる」は動詞と目的語の後に置きます。疑問文は可能性をたずねたり、許可を求めたりします。文語では動詞の前に **สามารถ** [sǎamâat サーマーッ(ト)]をつけますが、口語ではしばしば省略されます。

肯定文	動詞（＋目的語）＋ **ได้** dâai (ダーイ)	〜できます。	可能
疑問文	動詞（＋目的語）＋ **ได้ไหม** dâai mái (ダーイ マイ)	1. 〜できますか? 2. 〜してもいいですか?	可能・許可

例 **ดิฉันทำอาหารไทยได้** ⓐ

ディチャン タム　アーハーン タイ　ダーイ ⓚ
dichán　tham　ʔaahǎan thai　dâai ⓚ

➡ 私（女性）はタイ料理を作ることができます。（可能）

เขาทำอาหารไทยได้ไหม ⓒ

カオ タム アーハーン タイ ダーイ マイ ⓚ
kháw tham ʔaahǎan thai dâai mái ⓚ

➡ 彼女はタイ料理を作ることができますか？（可能）

ถ่ายรูปได้ไหม ⓒ

ターイ ルーツ(プ) ダーイ マイ ⓚ
thàay rûup dâai mái ⓚ

➡ 写真を撮ってもいいですか？（許可）

○ **ได้** ⓒ ➡ いいです。

ダーイ ⓚ
dâai ⓚ

○ **ไม่ได้** ⓒ ➡ だめです。

マイ ダーイ ⓚ
mâi dâai ⓚ

❖ 不可能・禁止「〜できません」「〜してはいけません」

ได้ [dâai ダーイ] が否定語を伴うと不可能「〜できません」や禁止「〜してはいけません」の意味になります。その他にも、かなり強い禁止 **อย่า** [yàa ヤー]「〜するな」、看板や文語で使われる **ห้าม** [hâam ハーム]「〜禁止」の表現もあります。

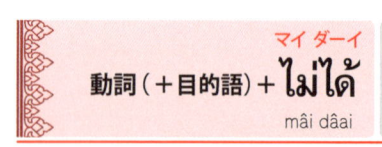

		不可能・禁止
動詞（＋目的語）＋ **ไม่ได้** mâi dâai	1. 〜できません。 2. 〜してはいけません。	

| ヤー |
| อย่า +動詞（+目的語）　〜するな。 禁止
| yàa |

| ハーム |
| ห้าม +動詞（+目的語）　〜禁止 （文語・看板）禁止
| hâam |

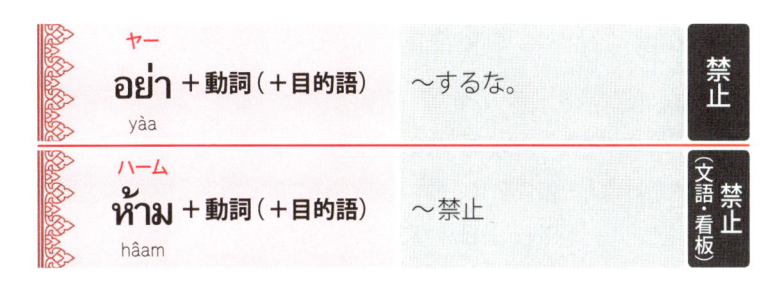

例 เขา ทำอาหารไทยไม่ได้ ⓚ
　カオ　タム　アーハーン タイ　マイ ダーイ ⓚ
　khǎw　tham　ʔaahǎan thai　mâi dâai ⓚ

➡ 彼女はタイ料理を作ることができません。（不可能）

ที่นี่ สูบ บุหรี่ไม่ได้ ⓚ
ティーニー スーッ(プ) ブリー マイ ダーイ ⓚ
thîinîi　sùup　bùrìi　mâi dâai ⓚ

➡ ここでタバコを吸ってはいけません。（禁止）

อย่าไปข้างนอกคนเดียว ⓚ
ヤー　バイ カーン(グ) ノーッ(ク)　コン ディアオ ⓚ
yàa　pai khâaŋ nɔ̂ɔk　khon diao ⓚ

➡ 1人で外出するな。（強い禁止）

ห้ามสูบบุหรี่
ハーム スーッ(プ) ブリー
hâam　sùup bùrìi

➡ 禁煙（文語、看板の禁止）

223

依頼(4)「〜してください」(相手に依頼する)

ช่วย [chûay チュアイ]「〜してください」は相手に依頼するときの表現です。文末に หน่อย [nɔ̀y ノイ]「ちょっと」をつけるとソフトな印象になり、ให้ [hâi ハイ]をつけると「(私のために)〜してください」のニュアンスが加わります。ได้ไหม [dâai mái ダーイ マイ]「〜してもいいですか？」はP221で学びました。そのほかの依頼の表現はP182〜184をご覧ください。

チュアイ		ノイ	
ช่วย + 動詞(+目的語) + หน่อย			ちょっと〜してください。
chûay		nɔ̀y	

チュアイ		ハイ ノイ ダーイ マイ	
ช่วย + 動詞(+目的語) + ให้หน่อยได้ไหม			ちょっと〜してもらえますか？
chûay		hâi nɔ̀y dâai mái	

例 ช่วย พูด ช้าๆหน่อย

チュアイ　プーッ(ト)　チャー チャー　ノイ
chûay　phûut　cháa cháa　nɔ̀y

➡ 少しゆっくり話してください。

ช่วยถ่ายรูปให้หน่อยได้ไหม

チュアイ　ターイルー(プ)　ハイ ノイ　ダーイ　マイ
chûay　thàay rûup　hâi nɔ̀y　dâai　mái

➡ ちょっと写真を撮ってもらえますか？

話してみよう 〔CD 67〕

คุณบุญมาก พูด ภาษาญี่ปุ่นได้คล่อง ⓐ
クン ブンマーッ(ク)　プーッ(ト)　パーサー　イープン　ダーイ　クロン(グ)　ⓚ
khun bunmâak　phûut　phaasǎa yîipùn dâai　khlôŋ　ⓚ

「ブンマークさんは日本語を流暢に話せます」

คุณทานากะ พูด ภาษาไทยได้ไหม ⓐ
クン ターナーカ　プーッ(ト)　パーサー　タイ ダーイ　マイ　ⓚ
khun thaanaakà　phûut　phaasǎa thai dâai　mái　ⓚ

「田中さんはタイ語を話せますか？」

ได้นิดหน่อย ⓐ
ダーイ　ニッ(ト) ノイ　ⓚ
dâai　nít nɔ̀y　ⓚ

「ちょっと話せます（できます）」

ช่วยพูด อีกครั้งได้ไหม ⓐ
チュアイ プーッ(ト)　イーク クラン(グ)　ダーイ　マイ　ⓚ
chûay phûut　ʔìik khráŋ　dâai　mái　ⓚ

「もう一度言ってもらえますか？」

どちらがおいしいですか？

อย่างไหนอร่อย ⓒ

ヤーン(グ)　ナイ　アローイ
yàaŋ　nǎi　ʔarɔ̀y　ⓚ

「どちらがおいしいですか？」

อย่างนี้ ⓒ

ヤーン(グ)　ニー
yàaŋ　níi　ⓚ

「こちらです」

อาหารจานไหนเผ็ด ⓒ

アーハーン　ジャーン　ナイ　ペッ(ト)
ʔaahǎan　jaan　nǎi　phèt　ⓚ

「どちらの料理が辛いですか？」

ขออย่างนี้ ⓒ

コー　ヤーン(グ)　ニー
khɔ̌ɔ　yàaŋ　níi　ⓚ

「こちらをください」

疑問詞「どちら」

比較や選択をたずねる表現を覚えましょう。**อย่าง** [yàaŋ ヤーン(グ)]は「種類」という意味です。**ไหน** [nǎi ナイ]が名詞を伴う場合は類別詞が必要で、主語にも目的語にもなります。

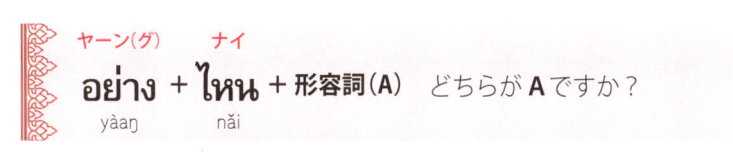

> ヤーン(グ)　　ナイ
> **อย่าง** + **ไหน** + 形容詞(A)　　どちらがAですか？
> yàaŋ　　　 nǎi

例 **อย่างไหน (ราคา) ถูก** Ⓐ

ヤーン(グ)　ナイ　(ラーカー) トゥーッ(ク) Ⓚ
yàaŋ　　nǎi　(raakhaa)　thùuk　　Ⓚ

➡ どちらが(値段が)安いですか？

> 　　　　　　　　　　ナイ
> 名詞(B) + 類別詞 + **ไหん**　　どちらのB
> 　　　　　　　　　　nǎi

พจนานุกรม เล่มไหนดี Ⓐ

ポッ(ト)ジャナーヌックロム　レム　ナイ　ディー Ⓚ
phótjanaanúkrom　lêm　nǎi　dii　Ⓚ

➡ どちらの辞書がよいですか？

(คุณ)ชอบ อาหาร จานไหนที่สุด Ⓐ

(クン)　チョーッ(プ)　アーハーン　ジャーン　ナイ ティースッ(ト) Ⓚ
(khun)　chɔ̂ɔp　ʔaahǎan　jaan　nǎi　thîisùt　Ⓚ

➡ (あなたは)どちらの料理が一番好きですか？

なぜあなたはこの料理を食べないのですか？ CD 69

คุณกำลัง ทำ อะไรอยู่ ค

クン　ガムラン(グ)　タム　アライ　ユー　Ⓚ
khun　kamlaŋ　tham　ʔàrai　yùu　Ⓚ

「あなたは何をしていますか？」

ผมกำลังดื่ม เบียร์อยู่ ค

ポム　ガムラン(グ)　ドゥーム　ビア　ユー　Ⓚ
phǒm　kamlaŋ　dɯ̀ɯm　bia　yùu　Ⓚ

「私(男性)はビールを飲んでいるところです」

ทำไมคุณไม่ทาน อาหารนี้ ค

タムマイ　クン　マイ　ターン　アーハーン ニー　Ⓚ
thammai　khun　mâi　thaan　ʔaahǎan níi　Ⓚ

「なぜあなたはこの料理を食べないのですか？」

เพราะ(ว่า)อิ่มแล้ว ค

プロ (ワー)　イム　レーオ　Ⓚ
phrɔ́ (wâa)　ʔìm　lɛ́ɛw　Ⓚ

「なぜならもうおなかがいっぱいだからです」

進行形「〜しています、〜しているところです」

กำลัง [kamlaŋ ガムラン(グ)]と **อยู่** [yùu ユー]は進行中の動作を表します。両方使っても、片方だけ使ってもかまいませんが、前者は動詞の前、後者は動詞（＋目的語）の後ろに置きます。

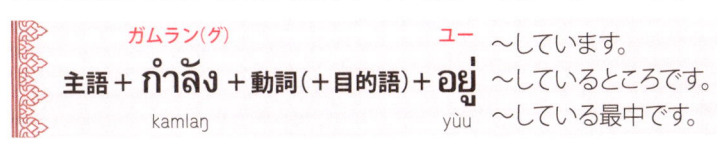

主語 ＋ **กำลัง** ＋ 動詞（＋目的語）＋ **อยู่**
　　　　ガムラン(グ)　　　　　　　　　　　ユー　〜しています。
　　　　kamlaŋ　　　　　　　　　　　　　yùu　〜しているところです。
　　　　　　　　　　　　　　　　　　　　　　　〜している最中です。

例 **เพื่อนกำลังนอนหลับอยู่** ⓐ
　 プワン　ガムラン(グ)　ノーン ラッ(プ)　ユー　ⓚ
　 phŵan　kamlaŋ　nɔɔn làp　yùu　ⓚ

➡ 友だちは寝ています。

注 **นอน** [nɔɔn ノーン]「横になる」と **หลับ** [làp ラッ(プ)]「眠る」を合わせると「横になって眠る」すなわち「寝る」になります。

เขากำลัง คุย โทรศัพท์อยู่หรือ ⓐ
カオ ガムラン(グ) クイ　トーラサッ(プ)　ユー ルー ⓚ
kháw kamlaŋ khuy thoorasàp yùu rɯ̌ɯ ⓚ

➡ 彼は電話で話しているところ（電話中）ですか？

⭕ **ครับ/ค่ะ** ⓐ ➡ はい（男性）。/はい（女性）。
クラッ(プ) / カー ⓚ
khráp / khâ ⓚ

⭕ **ไม่ใช่** ⓐ ➡ いいえ。
マイ チャイ ⓚ
mâi châi ⓚ

疑問詞「なぜ」

ทำไม [thammai タムマイ]「なぜ」は理由をたずねる疑問詞で、**เพราะ(ว่า)** [phrɔ́(wâa) プロ(ワー)]「なぜなら〜」で答えます。

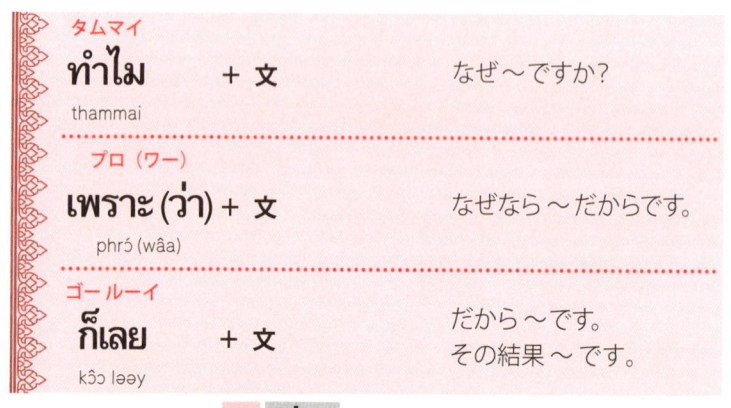

タムマイ **ทำไม** + 文 thammai		なぜ〜ですか？
プロ (ワー) **เพราะ(ว่า)** + 文 phrɔ́ (wâa)		なぜなら〜だからです。
ゴー ルーイ **ก็เลย** + 文 kɔ̂ɔ ləəy		だから〜です。 その結果〜です。

例 ทำไมคุณไม่ไป เที่ยว ⓐ

タムマイ クン マイ パイ ティアオ Ⓚ
thammai khun mâi pai thîaw Ⓚ

➡ なぜあなたは観光しに行かないのですか？

◯ เพราะ(ว่า)เหนื่อย มาก ⓐ

プロ （ワー） ヌアイ マーッ(ク) Ⓚ
phrɔ́ (wâa) nùay mâak Ⓚ

➡ なぜならとても疲れたからです。

เหนื่อย มาก ⓐ ก็เลยไม่ไปเที่ยว ⓐ

ヌアイ マーッ(ク) Ⓚ ゴー ルーイ マイ パイ ティアオ Ⓚ
nùay mâak Ⓚ kɔ̂ɔ ləəy mâi pai thîaw Ⓚ

➡ とても疲れました。だから観光しに行きません。

話してみよう 🎧70

พวกเขากำลังอ่าน หนังสืออยู่ ⓒ

プアッ(ク)カオ	ガムラン(グ)	アーン	ナン(グ)スー	ユー ⓚ
phûakkháw	kamlaŋ	ʔàan	nǎŋsɯ̌ɯ	yùu ⓚ

「彼らは本を読んでいるところです」

ดิฉันกำลังดื่ม น้ำมะม่วง ⓒ

ディチャン	ガムラン(グ)	ドゥーム	ナーム	マムアン(グ) ⓚ
dichán	kamlaŋ	dɯ̀ɯm	náam	mámûaŋ ⓚ

「私(女性)はマンゴージュースを飲んでいるところです」

注 น้ำ [náam ナーム]「水」+「果物」で、「(果物)ジュース」の意味になります。

ทำไมคุณชอบ เมืองไทย ⓒ

タムマイ	クン	チョーッ(プ)	ムアン(グ)タイ ⓚ
thammai	khun	chɔ̂ɔp	mɯaŋthai ⓚ

「なぜあなたはタイ国が好きなのですか？」

เพราะ(ว่า) คนไทย ใจดี ⓒ

プロ(ワー)	コン タイ	ジャイ ディー ⓚ
phrɔ́(wâa)	khon thai	jai dii ⓚ

「なぜならタイ人は親切だからです」

実力アップ ⑤ 練習問題に挑戦！

次の文をタイ語にしてみましょう。

1 いつタイに来ましたか？

2 8月10日です。

3 まだスコータイへ観光に行ったことはありません。

4 ホテルまでどのくらい時間がかかりますか？

5 1時間です。

6 何時に到着しますか？

7 午後2時です。

8 私（女性）はタイ語を少し話すことができます。

解答

1 มา เมืองไทยเมื่อไร ⓐ

マー ムアン(グ)タイ ムアライ ⓚ
maa mɯaŋthai mɯ̂arài ⓚ

2 วันที่10(เดือน)สิงหาคม ⓐ

ワンティー シッ(プ) (ドゥアン) シン(グ)ハーコム ⓚ
wanthîi sìp (dɯan) sǐŋhǎakhom ⓚ

3 ยังไม่เคยไป เที่ยว สุโขทัย ⓐ

ヤン(グ) マイ クーイ パイ ティアオ スコータイ ⓚ
yaŋ mâi khəəy pai thîaw sùkhǒothay ⓚ

4 ไป(ถึง)โรงแรมใช้เวลาประมาณเท่าไร ⓐ

パイ (トゥン(グ)) ローン(グ)レーム チャイ ウェーラー プラマーン タオライ ⓚ
pai (thɯ̌ŋ) rooŋrɛɛm chái weelaa pràmaan thâwrài ⓚ

5 1ชั่วโมง ⓐ

ヌン(グ) チュアモーン(グ) ⓚ
nɯ̀ŋ chûamooŋ ⓚ

6 จะถึงกี่โมง ⓐ

ジャ トゥン(グ) ギー モーン(グ) ⓚ
jà thɯ̌ŋ kìi mooŋ ⓚ

7 บ่าย 2 โมง ⓐ

バーイ ソーン(グ) モーン(グ) ⓚ
bàay sɔ̌ɔŋ mooŋ ⓚ

8 ดิฉันพูด ภาษาไทยได้นิดหน่อย ⓐ

ディチャン プーッ(ト) パーサー タイ ダーイ ニッ(ト)ノイ ⓚ
dichán phûut phaasǎa thai dâai nítnɔ̀y ⓚ

6
すぐに使える旅行会話集

タクシー

1 タクシー を呼んでもらえますか？

ช่วยเรียก รถแท็กซี่ ให้หน่อย ⓐ

チュアイ リアッ(ク)	ロッ(ト)テクシー	ハイ ノイ ⓚ
chûay rîak	rótthéksîi	hâi nɔ̀y ⓚ

2 空港 に行ってください。

ไป สนามบิน ⓐ

パイ	サナームビン ⓚ
pai	sanǎambin ⓚ

3 メーター を 使って ください。

ช่วย ใช้ มิเตอร์ ด้วยนะ ⓐ

チュアイ チャイ	ミトゥー	ドゥアイ ナ ⓚ
chûay chái	mítêə	dûay ná ⓚ

4 ここ で 止めて ください。

ช่วย จอด ที่นี่ ด้วย ⓐ

チュアイ	ジョーッ(ト)	ティーニー	ドゥアイ ⓚ
chûay	jɔ̀ɔt	thîinîi	dûay ⓚ

5 急いでいます。

รีบ ⒞

リーッ(プ) Ⓚ
rîip Ⓚ

6 冷房を つけて ください。

ช่วย เปิด แอร์หน่อย ⒞

チュアイ	プーッ(ト)	エー	ノイ	Ⓚ
chûay	pèət	ʔɛɛ	nɔ̀y	Ⓚ

🔄 入れ替え単語

1	医者	救急車	警察
	หมอ	รถพยาบาล	ตำรวจ
	モー mɔ̌ɔ	ロッ(ト) パヤーバーン rót phayaabaan	タムルアッ(ト) tamrùat

2	ナナ駅	スクムビット通り	この住所
	สถานีนานา	ถนนสุขุมวิท	ที่อยู่นี้
	サターニー ナーナー sathǎanii naanaa	タノン スクムウィッ(ト) thanǒn sùkhǔmwít	ティーユー ニー thîiyùu níi

4	次の交差点	待っていて	**6**	消して
	สี่แยกหน้า	รอ(คอย)		ปิด
	シー イェーッ(ク) ナー sìi yɛ̂ɛk nâa	ロー (コーイ) rɔɔ (khɔɔy)		ピッ(ト) pìt

2 バス・列車

1 バス停 はどこですか？

ป้ายรถเมล์ อยู่ที่ไหน ⓐ

パーイロッ(ト)メー　ユー　ティーナイ　ⓚ
pâayrótmee　yùu　thîinǎi　ⓚ

2 サイアム 行きはどの バス ですか？

รถเมล์ ⟨คัน⟩ ไหนไป สยาม ⓐ

ロッ(ト)メー　⟨カン⟩　ナイ　パイ　サヤーム　ⓚ
rótmee　⟨khan⟩　nǎi　pai　sayǎam　ⓚ

3 トンロー 駅に行きますか？

ไป สถานี ทองหล่อ ไหม ⓐ

パイ　サターニー　トーン(グ)ロー　マイ　ⓚ
pai　sathǎanii　thɔɔŋlɔ̀ɔ　mái　ⓚ

4 行きます。／行きません。

ไป ⓐ ／ ไม่ไป ⓐ

パイ　ⓚ　／　マイ　パイ　ⓚ
pai　ⓚ　／　mâi　pai　ⓚ

※〈 〉内は類別詞です。

5 シーロム に 行って 乗り換え なければなりません。

ต้อง	ไป	ต่อรถ	ที่	สีลม ⓐ
トーン(グ)	パイ	トー ロッ(ト)	ティー	シーロム Ⓚ
tôŋ	pai	tɔ̀ɔ rót	thîi	sǐilom Ⓚ

6 アソーク に 着い たら 教えて ください。

ถ้า	ถึง	อโศก	แล้วช่วย	บอก	ด้วยนะ ⓐ
ター	トゥン(グ)	アソーッ(ク)	レーオ チュアイ	ボーッ(ク)	ドゥアイ ナ Ⓚ
thâa	thǔŋ	ʔasòok	lɛ́ɛw chûay	bɔ̀ɔk	dûay ná Ⓚ

7 次の 列車 はいつ 出発します か？

รถไฟ〈ขบวน〉	ต่อไป	จะ	ออก	กี่โมง ⓐ
ロッ(ト)ファイ〈カブアン〉	トー パイ	ジャ	オーッ(ク)	ギー モーン(グ) Ⓚ
rótfai 〈khabuan〉	tɔ̀ɔ pai	jà	ʔɔ̀ɔk	kìi mooŋ Ⓚ

⊙ 入れ替え単語

1

タクシー乗り場	船着き場	切符売り場
ที่จอดรถแท็กซี่	ท่าเรือ	ที่ขายตั๋ว
ティー ジョーッ(ト) ロッ(ト)テクシー	ター ルア	ティー カーイ トゥア
thîi jɔ̀ɔt rót théksîi	thâa rɯa	thîi khǎay tǔa

2 / 7

船	飛行機	列車
เรือ〈ลำ〉	เครื่องบิน〈ลำ〉	รถไฟ〈ขบวน〉
ルア〈ラム〉	クルアン(グ)ビン〈ラム〉	ロッ(ト)ファイ〈カブアン〉
rɯa〈lam〉	khrɯ̂aŋbin〈lam〉	rótfai〈khabuan〉

3 道をたずねる

1 銀行 はどこにありますか？

ธนาคาร อยู่ที่ไหน ⓒ
タナーカーン　ユー　ティーナイ　Ⓚ
thanaakhaan　yùu　thîinǎi　Ⓚ

2 この レストラン への行き方を教えてください。

ช่วยบอกทางไป ร้านอาหาร นี้หน่อย ⓒ
チュアイ ボー(ク) ターン(グ) パイ　ラーン　アーハーン　ニー　ノイ　Ⓚ
chûay bɔ̀ɔk thaaŋ pai　ráan　ʔaahǎan　níi　nɔ̀y　Ⓚ

3 ここ から歩いて行けますか？

จาก ที่นี่ เดินไปได้ไหม ⓒ
ジャー(ク)　ティーニー　ドゥーン パイ ダーイ マイ　Ⓚ
jàak　thîinîi　dəən pai dâai mái　Ⓚ

4 行けます。/近いです。

ได้ ⓒ / อยู่ใกล้ๆ ⓒ
ダーイ Ⓚ ／ ユー　グライ グライ　Ⓚ
dâai Ⓚ ／ yùu　klâi klâi　Ⓚ

5 行けません。/遠いです。

ไม่ได้ⓚ / อยู่ไกลⓚ

マイ ダーイ Ⓚ / ユー グライ Ⓚ
mâi dâai Ⓚ / yùu klai Ⓚ

6 道に迷いました。

หลงทางⓚ

ロン(グ) ターン(グ) Ⓚ
lǒŋ thaaŋ Ⓚ

7 (地図を指して)ここはどこですか？

ที่นี่อยู่ที่ไหนⓚ

ティーニー ユー ティーナイ Ⓚ
thîinîi yùu thîinǎi Ⓚ

入れ替え単語

	薬局	コンビニエンスストア	トイレ
1	ร้านขายยา	ร้านสะดวกซื้อ	ห้องน้ำ / สุขา
	ラーン カーイ ヤー	ラーン サドゥアッ(ク)スー	ホーン(グ)ナーム / スカー
	ráan khǎay yaa	ráan sàdùaksɯ́ɯ	hôŋnáam / sùkhǎa

	店	郵便局	警察署
2	ร้าน	ไปรษณีย์	สถานีตำรวจ
	ラーン	プライサニー	サターニータムルアッ(ト)
	ráan	praisanii	sathǎaniitamrùat

4 ホテル

1 空室 はありますか？

มี ห้องว่าง ไหม
ミー ホン(グ) ワーン(グ) マイ
mii hôŋ wâaŋ mái

2 あります。/ありません。

มี / ไม่มี
ミー / マイ ミー
mii / mâi mii

3 1泊いくらですか？

คืนละเท่าไร
クーン ラ タオライ
khɯɯn lá thâwrài

4 チェックアウト は何時ですか？

เช็คเอาท์ กี่โมง
チェックアオ ギー モーン(グ)
chékʔáw kìi mooŋ

5 バスタオル を持ってきてください。

ช่วยเอา ผ้าเช็ดตัว มาให้หน่อย ⓚ

チュアイ アオ　パー チェッ(ト) トゥア　マー ハイ　ノイ　ⓚ
chûay ?aw　phâa chét tua　maa hâi　nɔ̀y　ⓚ

6 トイレ が壊れています。

ห้องน้ำ เสีย ⓚ

ホン(グ)ナーム　シア　ⓚ
hɔ̂ŋnáam　sǐa　ⓚ

入れ替え単語

4

チェックイン	朝食
เช็คอิน	อาหารเช้า
チェッ(ク)イン	アーハーン チャーオ
chék?in	?aahǎan cháaw

5

シャンプー	せっけん	毛布
ยาสระผม / แชมพู	สบู่	ผ้าห่ม
ヤー サ ポム / チェームプー	サブー	パーホム
yaa sà phǒm / chɛɛmphuu	sabùu	phâahòm

6

エアコン	電話	テレビ
เครื่องปรับอากาศ / แอร์	โทรศัพท์	โทรทัศน์ / ทีวี
クルアン(グ)ブラッ(プ)アーカーッ(ト) / エー	トーラサッ(プ)	トーラタッ(ト) / ティーウィー
khrŵaŋpràp?aakàat / ?ɛɛ	thoorasàp	thoorathát / thiiwii

5 買い物

1 何を お探し ですか？

กำลัง หา อะไรอยู่ ⓐ

ガムラーン(グ) ハー アライ ユー ⓚ
kamlaŋ hăa ʔàrai yùu ⓚ

2 おみやげ を 探して います。

กำลัง หา ของฝาก อยู่ ⓐ

ガムラーン(グ) ハー コーン(グ) ファーッ(ク) ユー ⓚ
kamlaŋ hăa khɔ̌ɔŋ fàak yùu ⓚ

3 まずは 見 せてください。

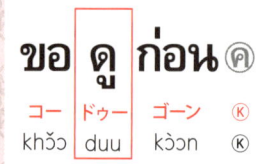

ขอ ดู ก่อน ⓐ

コー ドゥー ゴーン ⓚ
khɔ̌ɔ duu kɔ̀ɔn ⓚ

4 これは いくらですか？

นี่ เท่าไร ⓐ

ニー タオライ ⓚ
nîi thâwrài ⓚ

5 小さ すぎます。

เล็ก (เกิน)ไป ⓒ

レッ(ク) (グーン) パイ Ⓚ
lék (kəən) pai Ⓚ

---

6 もっと 大きいサイズ はありますか？

มี ขนาดใหญ่ กว่านี้ไหม ⓒ

ミー カナーッ(ト) ヤイ グワー ニー マイ Ⓚ
mii khanàat yài kwàa níi mái Ⓚ

🔄 入れ替え単語

4	1つにつき **อันละ** アンラ ʔanlá	1キロにつき **กิโล(กรัม)ละ** ギロー(グラム)ラ kiloo (kram) lá	全部で **ทั้งหมด** タン(グ)モッ(ト) tháŋmòt
5	長い **ยาว** ヤーオ yaaw	古い **เก่า** ガオ kàw	(値段が)高い **แพง** ペーン(グ) phɛɛŋ
6	短いの **สั้น** サン sân	薄い色 **สีอ่อน** シー オーン sǐi ʔɔ̀ɔn	値段が安いの **ราคาถูก** ラーカー トゥーッ(ク) raakhaa thùuk

6 レストラン

1 メニューをください。

ขอ เมนู หน่อย ⓐ
コー メーヌー ノイ ⓚ
khɔ̌ɔ meenuu nɔ̀y ⓚ

2 すみません。料理の注文をお願いします。

ขอโทษ ⓐ　ขอสั่ง อาหาร หน่อย ⓐ
コー トーッ(ト) ⓚ　コー サン(グ) アーハーン ノイ ⓚ
khɔ̌ɔ thôot ⓚ　khɔ̌ɔ sàŋ ʔaahǎan nɔ̀y ⓚ

3 辛くない料理はどれですか？

อาหารอย่างไหน ไม่เผ็ด ⓐ
アーハーン ヤーン(グ)ナイ マイ ペッ(ト) ⓚ
ʔaahǎan yàaŋnǎi mâi phèt ⓚ

4 （メニューを指して）これを2つください。

ขออย่างนี้ สอง ที่ ⓐ
コー ヤーン(グ)ニー ソーン(グ) ティー ⓚ
khɔ̌ɔ yàaŋ níi sɔ̌ɔŋ thîi ⓚ

5 パクチー(香菜)を入れないでください。

ไม่ใส่ ผักชี ⓒ

マイ サイ パッ(ク)チー Ⓚ
mâi sài phàkchii Ⓚ

6 注文した料理がまだきていません。

อาหาร ที่ สั่ง ไว้ ยังไม่มา ⓒ

アーハーン ティー サン(グ) ワイ ヤン(グ)マイ マー Ⓚ
ʔaahǎan thîi sàŋ wái yaŋ mâi maa Ⓚ

7 会計をお願いします。

คิดเงิน/คิดตังค์ ด้วย ⓒ

キッ(ト)(ン)グン / キッ(ト) タン(グ) ドゥアイ Ⓚ
khít ŋən / khít taŋ dûay Ⓚ

【注】「会計(お金の計算をする)」は、発音が難しければ **คิดตังค์** [khít taŋ キッ(ト)タン(グ)]を使いましょう。

入れ替え単語

1 6	コップ แก้ว ゲーオ kɛ̂ɛw	皿 จาน ジャーン jaan	箸 ตะเกียบ タギアッ(プ) tàkìap
3	油っぽくない ไม่มัน マイ マン mâi man	甘い หวาน ワーン wǎan	**5** 氷 น้ำแข็ง ナームケン(グ) náamkhěŋ

7 観光

1 タイ舞踊 に興味があります。

สนใจ รำไทย ⒸⒸ

ソンジャイ ラムタイ Ⓚ
sŏnjai ramthai Ⓚ

2 何時に 始まり ますか？

เริ่ม กี่โมง Ⓒ

ルム ギーモーン(グ) Ⓚ
rêm kìimooŋ Ⓚ

3 入場券 はいくらですか？

ค่าผ่านประตู เท่าไร Ⓒ

カー パーン プラトゥー タオライ Ⓚ
khâa phàan pràtuu thâwrài Ⓚ

4 大人 2 枚ください。

ขอตั๋วสำหรับ ผู้ใหญ่ สอง ใบ Ⓒ

コー トゥア サムラッ(ブ) プーヤイ ソーン(グ) バイ Ⓚ
khɔ̌ɔ tŭa sǎmràp phûuyài sɔ̌ɔŋ bai Ⓚ

5 これは何という 踊り ですか？

นี่ รำ อะไร ⓒ

ニー ラム アライ ⓚ
nîi ram ʔàrai ⓚ

6 私(男性)／私(女性) の写真を撮っていただけますか？

ช่วยถ่ายรูปให้ ผม/ดิฉัน หน่อยได้ไหม ⓒ

チュアイ ターイ ルー(プ) ハイ ポム／ディチャン ノイ ダーイ マイ ⓚ
chûay thàay rûup hâi phǒm/ dichán nɔ̀y dâai mái ⓚ

7 (シャッターボタンを指して)ここを 押して ください。

ช่วย กด ที่นี่ ⓒ

チュアイ ゴッ(ト) ティーニー ⓚ
chûay kòt thîinîi ⓚ

🔄 入れ替え単語

1 ムエタイ(タイ式キックボクシング)	寺院	博物館
มวยไทย	**วัด**	**พิพิธภัณฑ์**
ムアイタイ / muaythai	ワッ(ト) / wát	ピピッタパン / phíphítthaphan

2 終わり	**4** 子ども	**5** 楽器
เสร็จ/เลิก/จบ	**เด็ก**	**เครื่องดนตรี**
セッ(ト)／ルー(ク)／ジョッ(プ) / sèt / lə̂ək / jòp	デッ(ク) / dèk	クルアン(グ)ドントリー / khrɯ̂aŋdontrii

8 マッサージ

1 タイ式マッサージ をお願いします。

ช่วย นวดแผนไทย ⓐ

ช่วย	นวด	แผน	ไทย	Ⓚ
チュアイ	ヌアッ(ト)	ペーン	タイ	
chûay	nûat	phěen	thai	Ⓚ

2 すぐに できますか？

ได้ ทันที เลยไหม ⓐ

ได้	ทันที	เลย	ไหม	Ⓚ
ダーイ	タンティー	ルーイ	マイ	
dâai	thanthii	ləəy	mái	Ⓚ

3 すぐに できます。/ すぐに できません。

ได้ ทันที ⓐ / ไม่ได้ ทันที ⓐ

ได้	ทันที	Ⓚ	/	ไม่ได้	ทันที	Ⓚ
ダーイ	タンティー		/	マイ ダーイ	タンティー	
dâai	thanthii	Ⓚ	/	mâi dâai	thanthii	Ⓚ

4 どれくらい 待ち ますか？

รอ นานไหม ⓐ

รอ	นาน	ไหม	Ⓚ
ロー	ナーン	マイ	
rɔɔ	naan	mái	Ⓚ

5 30分です。

สามสิบ นาที ⒸⒶ

サーム シッ(プ) ナーティー Ⓚ
sǎam sìp　naathii Ⓚ

6 肩が凝っています。

ปวด **ไหล่** Ⓐ

プアッ(ト) ライ　Ⓚ
pùat　lài　Ⓚ

7 もっと強くマッサージをお願いします。

ช่วยนวด **แรง ๆ** หน่อย Ⓐ

チュアイ ヌアッ(ト) レーン(グ)レーン(グ) ノイ Ⓚ
chûay nûat　rɛɛŋ rɛɛŋ　nɔ̀y Ⓚ

🔄 入れ替え単語

	フットマッサージ	オイルマッサージ	ネイルケア
1	**นวดเท้า** ヌアッ(ト) ターオ nûat tháaw	**นวดน้ำมัน** ヌアッ(ト) ナームマン nûat náamman	**แต่งเล็บ** テーン(グ)レッ(プ) tɛ̀ɛŋlép

	首	腰	背中		弱く
6	**คอ** コー khɔɔ	**เอว** エーオ ʔeew	**หลัง** ラン(グ) lǎŋ	**7**	**เบาๆ** バウ バウ baw baw

9 病気・けが

1 体調が悪いです。病院に連れて行ってください。

ไม่สบาย ช่วยพาไป โรงพยาบาล หน่อย

マイ サバーイ ⓚ チュアイ パー パイ ロン(グ) パヤーバーン ノイ ⓚ
mâi sabaay ⓚ chûay phaa pai rooŋphayaabaan nɔ̀y ⓚ

2 日本語の話せる人はいますか？

มี คน พูด ภาษาญี่ปุ่น ได้ไหม

ミー コン プート パーサー イープン ダーイ マイ ⓚ
mii khon phûut phaasǎa yîipùn dâai mái ⓚ

3 頭が痛いです。

ปวด หัว

プアッ(ト) フア ⓚ
pùat hǔa ⓚ

4 風邪(を治す)薬をください。

ขอยา แก้หวัด

コー ヤー ゲー ワッ(ト) ⓚ
khɔ̌ɔ yaa kɛ̂ɛ wàt ⓚ

5 この 薬 は 1日何回 飲みますか？

ยา	นี้ทาน	วันละกี่ครั้ง ㋐
ヤー	ニー ターン	ワン ラ ギー クラン(グ) ⓚ
yaa	níi thaan	wan lá kìi khráŋ ⓚ

6 1日 3 回、食後 に飲みます。

ทาน	หลังอาหาร	วันละ	สาม	ครั้ง ㋐
ターン	ラン(グ) アーハーン	ワン ラ	サーム	クラン(グ) ⓚ
thaan	lăŋ ʔaahăan	wan lá	săam	khráŋ ⓚ

入れ替え単語

2

英語	医者
ภาษาอังกฤษ	หมอ
パーサー アングリッ(ト)	モー
phaasăa ʔaŋkrìt	mɔ̌ɔ

3

おなか	歯	ここ
ท้อง	ฟัน	ที่นี่
トーン(グ)	ファン	ティーニー
thɔ́ɔŋ	fan	thîinîi

4

下痢止め	痛み止め	解熱
แก้ท้องร่วง	แก้ปวด	แก้ไข้
ゲー トーン(グ) ルアン(グ)	ゲー プアッ(ト)	ゲー カイ
kɛ̂ɛ thɔ́ɔŋ rûaŋ	kɛ̂ɛ pùat	kɛ̂ɛ khâi

6

食前
ก่อนอาหาร
ゴーン アーハーン
kɔ̀ɔn ʔaahăan

すぐに使える旅行会話集

10 トラブル

1 お金を盗まれました。

ถูกขโมย เงิน

トゥーッ(ク) カモーイ　(ン)ガン
thùuk khamooy　ŋən

2 カメラをなくしました。

กล้อง(ถ่ายรูป)หาย

グロン(グ)　(ターイルーッ(プ))　ハーイ
klɔ̂ŋ　(thàayrûup)　hǎay

3 交通事故に遭いました。

ประสบ/มี อุบัติเหตุบนถนน

プラソッ(プ)／ミー　ウバッティヘーッ(ト)　ボン　タノン
pràsòp / mii　ʔùbàttìhèet　bon thanǒn

4 日本大使館に連絡をしてください。

กรุณา ติดต่อ ที่ สถานทูตญี่ปุ่น

ガルナー　ティッ(ト)ー　ティー　サターントゥーッ(ト)　イープン
karunaa　tìttɔ̀ɔ　thîi　sathǎanthûut　yîipùn

5 いりません。

ไม่เอา ⓒ

マイ アオ ⓚ
mâi ʔaw ⓚ

6 やめて！/ 助けて！

อย่า! / ช่วยด้วย!

ヤー　　/ チュアイ ドゥアイ
yàa　　/ chûay dûay

入れ替え単語

財布	パスポート	クレジットカード
กระเป๋าเงิน	**หนังสือเดินทาง**	**บัตรเครดิต**
グラッパオ(ン)ガン	ナン(グ)スー ドゥーンターン(グ)	バッ(ト) クレーディッ(ト)
kràpǎwŋən	nǎŋsɯ̌ɯ dəənthaaŋ	bàt khreedìt

ビデオカメラ	かばん	切符
กล้อง(ถ่าย)วีดีโอ	**กระเป๋า**	**ตั๋ว**
グロン(グ) (ターイ) ウィーディー オー	グラッパオ	トゥア
klɔ̂ŋ (thàay) wii dii ʔoo	kràpǎw	tǔa

日本領事館	（紙を見せて）ここ	警察
สถานกงสุลญี่ปุ่น	**ที่นี่**	**ตำรวจ**
サターン ゴン(グ)スン イーブン	ティーニー	タムルアッ(ト)
sathǎan koŋsǔn yîipùn	thîinîi	tamrùat

〔著者紹介〕

Kiattipong Ruangsuwan（ギェッティポン・ルーンスワン）
　1968年生まれ。愛称ゴー。タマサート大学卒業、チュラロンコーン大学修士課程修了、慶應義塾大学修士課程修了、上智大学博士課程満期退学。タイで朝日新聞などのリポーターを務めた後、来日。NHK World Radio Japanアナウンサーを経て、2000年よりINJカルチャーセンターのタイ語主任講師としてタイ語教育に尽力する。

近藤　由美（こんどう　ゆみ）
　千葉県生まれ。青山学院女子短期大学英文学科卒業。INJカルチャーセンター代表。タイ語をはじめとするアジアの語学・文化講座を開講。共著に『新装版　CD付　インドネシア語が面白いほど身につく本』(KADOKAWA)、『CD付　らくらくインドネシア語初級』(INJ出版)、『ニューエクスプレス マレー語』(白水社) ほか多数。

執筆協力
Tasanee Methapisit（タサニー・メータービスィット）
タマサート大学教養学部日本語学科准教授。

●付属のCDは、CDプレーヤーでお聴きください。お聴きになった後は直射日光や高温多湿を避けて保存してください。

CD付　タイ語が面白いほど身につく本　(検印省略)

2011年12月30日　第1刷発行
2023年4月5日　第14刷発行

著　者　ギェッティポン・ルーンスワン
　　　　近藤　由美（こんどう　ゆみ）
発行者　山下　直久

発　行　株式会社KADOKAWA
　　　　〒102-8177　東京都千代田区富士見2-13-3
　　　　電話 0570-002-301（ナビダイヤル）

●お問い合わせ
https://www.kadokawa.co.jp/ （「お問い合わせ」へお進みください）
※内容によっては、お答えできない場合があります。
※サポートは日本国内のみとさせていただきます。
※Japanese text only

定価はカバーに表示してあります。

DTP／有限会社WAKARU　印刷／加藤文明社　製本／鶴亀製本

©2011 Kiattipong Ruangsuwan & Yumi Kondo, Printed in Japan.
ISBN978-4-04-602522-7　C2087

本書の無断複製（コピー、スキャン、デジタル化等）並びに無断複製物の譲渡及び配信は、著作権法上での例外を除き禁じられています。また、本書を代行業者などの第三者に依頼して複製する行為は、たとえ個人や家庭内での利用であっても一切認められておりません。